"十四五"职业教育国家规划教材

"十四五"职业教育江苏省规划教材

质量控制与管理技术基础

（第2版）

主　编　夏春荣
副主编　秦　阳　王　曼　姚新飞
主　审　赵光霞

北京理工大学出版社
BEIJING INSTITUTE OF TECHNOLOGY PRESS

版权专有　侵权必究

图书在版编目（CIP）数据

质量控制与管理技术基础 / 夏春荣主编. —2版. —北京：北京理工大学出版社，2023.7重印

ISBN 978-7-5682-7782-2

Ⅰ.①质… Ⅱ.①夏… Ⅲ.①质量控制—高等职业教育—教材 ②质量管理—高等职业教育—教材 Ⅳ.①F273.2

中国版本图书馆CIP数据核字（2019）第240628号

出版发行 / 北京理工大学出版社有限责任公司	
社　　址 / 北京市海淀区中关村南大街5号	
邮　　编 / 100081	
电　　话 /（010）68914775（总编室）	
（010）82562903（教材售后服务热线）	
（010）68944723（其他图书服务热线）	
网　　址 / http：//www.bitpress.com.cn	
经　　销 / 全国各地新华书店	
印　　刷 / 定州市新华印刷有限公司	
开　　本 / 787毫米×1092毫米　1/16	
印　　张 / 7.75	责任编辑 / 张鑫星
字　　数 / 175千字	文案编辑 / 张鑫星
版　　次 / 2023年7月第2版第2次印刷	责任校对 / 周瑞红
定　　价 / 25.00元	责任印制 / 边心超

图书出现印装质量问题，请拨打售后服务热线，本社负责调换

前言

FOREWORD

党的二十大报告提出:"加快建设制造强国、质量强国、航天强国、交通强国、网络强国、数字中国。"21世纪是质量的世纪。质量是国家振兴和社会经济可持续发展的战略要素,质量是企业竞争力的关键要素。中国企业要提升全球市场竞争力,必须将质量作为一个需要认真对待的话题,质量应该成为企业主动占领市场的有力武器。

制造业是国民经济建设的基础。在制造业产品的形成过程中,需要控制的内容很多,但最重要的是对过程的质量进行控制,通过有效的过程质量控制和质量检验保证产品质量,可显著提高企业的竞争力。企业管理就是在一个制造场所中,导入各种有效的生产资源,通过计划、组织、用人、指导、控制等活动,使工厂所有部门,如期达成预定的管理目标。除了必不可少的生产设备、优秀的市场营销策略、经济的制造水平,还要具有完善的质量保证体系,才能制造出顾客满意和社会欢迎的产品。质量管理的目的是追求工作效率的提高、工作方法的有效、各种问题的解决。

本书是职业院校"以就业为导向、以能力为本位"课程改革成果系列教材之一,具有体现新理念、贯彻新标准、注重案例引领、理论联系实际、内容实用等特点。结构合理、通俗易懂,注重学生职业技能的培养,可操作性强。编写遵循"基于工作过程"的课程建设思路,主要内容包括:顾客满意管理、质量成本管理、质量标准体系及认证、6σ质量管理、过程质量控制、质量检验控制、质量现场5S管理、质量改进管理。每个项目均有学习目标、典型案例,

FOREWORD

并配有应知应会练习及项目评价。参考教学学时 50 学时。

全书共八个项目，项目一、项目六、项目八由江苏省无锡交通高等职业技术学校夏春荣编写，项目三、项目七由徐州技师学院秦阳编写，项目四、项目五由镇江高等职业技术学校王曼编写，项目二由无锡微研股份有限公司姚新飞编写。全书由夏春荣担任主编，并负责统稿。

赵光霞担任本书主审，对书稿提出了许多宝贵修改意见和建议，提高了书稿的质量。在本书编写过程中，参考了国内外大量文献资料，得到了江苏省无锡交通高等职业技术学校机电系各位同人的支持和帮助，在此一并表示衷心的感谢！

本书注重学生质量管理基础知识的学习和质量意识的培养，在推广使用中，非常希望得到其教学适用性反馈意见，以不断改进与完善。由于编者水平有限，书中难免存在错漏不当之处，恳请广大读者批评指正。

编　者

目录
CONTENTS

项目一 顾客满意管理 ·· 1
  一、典型案例 ·· 2
  二、任务布置 ·· 2
  三、相关知识 ·· 3
  四、能力训练 ·· 10
  五、应知应会 ·· 11
  六、项目评价 ·· 12

项目二 质量成本管理 ·· 14
  一、典型案例 ·· 15
  二、任务布置 ·· 15
  三、相关知识 ·· 17
  四、能力训练 ·· 24
  五、应知应会 ·· 24
  六、项目评价 ·· 28

项目三 质量标准体系及认证 ·· 30
  一、典型案例 ·· 31
  二、任务布置 ·· 31
  三、相关知识 ·· 32

四、能力训练 ……………………………………………………… 39
　　五、应知应会 ……………………………………………………… 40
　　六、项目评价 ……………………………………………………… 42

项目四　6σ质量管理 ……………………………………………… **44**
　　一、典型案例 ……………………………………………………… 45
　　二、任务布置 ……………………………………………………… 46
　　三、相关知识 ……………………………………………………… 46
　　四、能力训练 ……………………………………………………… 57
　　五、应知应会 ……………………………………………………… 57
　　六、项目评价 ……………………………………………………… 58

项目五　过程质量控制 ……………………………………………… **64**
　　一、典型案例 ……………………………………………………… 65
　　二、任务布置 ……………………………………………………… 65
　　三、相关知识 ……………………………………………………… 65
　　四、能力训练 ……………………………………………………… 74
　　五、应知应会 ……………………………………………………… 74
　　六、项目评价 ……………………………………………………… 76

项目六　质量检验管理 ……………………………………………… **78**
　　一、典型案例 ……………………………………………………… 79
　　二、任务布置 ……………………………………………………… 80
　　三、相关知识 ……………………………………………………… 80
　　四、能力训练 ……………………………………………………… 85
　　五、应知应会 ……………………………………………………… 85

六、项目评价 ··· 87

项目七　质量现场 5S 管理 ··· 89
　　一、典型案例 ··· 90
　　二、任务布置 ··· 91
　　三、相关知识 ··· 91
　　四、能力训练 ··· 97
　　五、应知应会 ··· 97
　　六、项目评价 ··· 99

项目八　质量改进管理 ··· 101
　　一、典型案例 ··· 102
　　二、任务布置 ··· 103
　　三、相关知识 ··· 103
　　四、能力训练 ··· 107
　　五、应知应会 ··· 108
　　六、项目评价 ··· 110

附录 ··· 111
　　附录一　质量专业技术人员职业资格考试暂行规定 ··· 111
　　附录二　质量专业技术人员职业资格考试实施办法 ··· 113

参考文献 ··· 115

项目一 顾客满意管理

技术和管理是国民经济系统中两个相互独立又相互依存的组成部分。技术很重要，管理更重要，"三分技术、七分管理"就是一个形象的说明。质量管理是管理科学中一个重要的分支，随着现代管理科学的发展，现代质量管理也已发展成为一门独立的管理科学——质量管理工程。

中国知名汽车制造商奇瑞集团，推出"纵横中国"服务战略的出发点是想加强自身服务系统能力，从整体规划、技术、硬件、管理等方面保证客户满意度的稳定提升。"纵横中国"服务战略下的技术服务中心定位于两条主线，一是着力于直接客户关系管理，直接服务于客户，使客户能够享受更高标准服务。二是着眼于间接客户服务，通过对同区域的服务网络技术支持，拉升区域整体服务能力，从而提高全区域的客户满意度。这一典型事例使得众多企业重新审视自己的管理思想，并将顾客需求的地位提升到了前所未有的高度。只有产品质量提高了，质量管理水平提升了，顾客才会真正的满意。

在质量管理发展过程中，人们对质量有不同的看法。目前，基本形成共识，认为：质量是"一组固有特性满足要求的程度"，也可以看作是产品和(或)服务满足顾客需求的能力。因此，质量管理就是通过使顾客满意而达到企业长期成功的管理方式。那么如何才能保证和提高质量，从而使顾客满意呢？

知识目标
1. 了解质量的重要性，熟知质量及质量管理的内容。
2. 掌握质量职能、顾客满意管理的方法和坚持的原则。
3. 掌握顾客满意管理的实施步骤。

能力目标
1. 能用质量管理的眼光观察周围的世界，说出顾客满意的特征。
2. 会使用顾客满意管理的实施步骤。
3. 能使用顾客满意管理测评指标体系，判断顾客满意管理的效果，撰写顾客满意度调查报告。

项目一

> **情感目标**
> 1. 培养学生良好的顾客至上的理念,追求质量第一的理念。
> 2. 增强学生学习的自信心和求知欲。

一、典型案例

及时满足客户需求

一位名叫高明的商人,当他开始从事机场的汽车服务时,他的注意力放在了培训司机为客户服务方面,如怎样帮客户搬运行李,怎样准确报站等,司机们也做得很好。但是,高明开始没有意识到客户的一个最主要的需求:对客户来说,最主要的是两班车之间间隔的时间要短。这一服务上的缺陷也引起了不少客户的抱怨,尽管事实上客户的平均等车时间为 7~10 min。为此,高明投资巨款购买了汽车和雇佣司机,把两班车之间的标准间隔定为最长 5 min。有时两班车之间的间隔仅 2~3 min,最终使客户得到了满意。

高明公司另一项业务是租车给乘飞机来该市的客户,待他们回来乘飞机时再将车还回。由于租车的客户大多是商人,因此,对他们来说,最重要的是速度。高明也认真地处理了这些租车客户的抱怨,尽管租车时的服务速度很快,但换车时的速度很慢,客户没有时间到柜台前站队等着还车。改进的办法是:当客户将车开到高明的停车场时,服务人员就将汽车号码(车的挡风玻璃上设有车的号码牌)输入到计算机里,这些计算机与主机相连,等客户到柜台前时,服务人员能叫出其姓名,整个手续也需再问两个问题:里程数、是否加过油,然后就能把票据打印出来。这样一来,原来需要 10 min 的服务时间缩短到只需 1 min,使客户十分满意,从此以后,生意十分兴隆。

交流讨论:为何要正视客户的不满意?

"要用心服务给我们带来 80% 利润的 20% 客户",这的确是一句很有哲理的话语,但是不知道当企业流失了 80% 带来 20% 利益的客户那一天,他们还依靠什么去留住他们的 20% 客户。

大企业有大企业要大牌的理由,他们有着众多的客户,有着良好的品牌,丧失一个二个客户,对他们来说并不重要。但是,千里之行,始于足下。一天丧失一个客户,一个客户可能会影响到 8 个客户;一年将会丧失 365 个客户,而这 365 个客户会影响到 2 920 个客户,十年呢?可见顾客满意度的重要性。

二、任务布置

为帮助企业面对庞大而复杂的市场,以更灵活、更有效的方式开拓产品市场,树立品牌形象，公司提出实施顾客满意管理。

将学生分为4个小组，对网络运营公司将要实施的顾客满意管理进行分析，分别形成《顾客满意测评体系》《顾客满意调查表》《顾客满意度评价报告》《顾客满意质量标准》4份报告。

三、相关知识

福建省建阳市童游镇某村农民徐永康于2004年5月17日买了一台佳好牌收割机，因为收割机有严重的质量问题，他不但没有赚钱，还欠了一身债，一家人的生活陷入困境之中，连儿子考上大学，老徐都没有钱给他交学费，如图1-1所示。

图1-1 因质量陷入困境中的农民

质量问题令人担忧，假冒伪劣商品屡禁不止，如图1-2所示。众所周知，产品质量与人们的工作、生活息息相关，一旦产品出了质量问题，轻则造成经济损失，重则会导致人员伤亡等不幸。产品质量是人类生活和安定的保证，是消费者权益的保障；是质量管理的主要目标。

图1-2 "竹源"牌问题水、"名牌"化妆品被查封

什么是质量和质量管理呢？

（一）质量

所谓质量，国际标准 ISO8042：1994 中对其所做的定义是："反映实体满足明确和隐含需要的能力的特性总和。"简言之，质量是一组固有特性满足要求的程度。

特性可以是固有的或赋予的。"固有的"就是指某事或某物中本来就有的，尤其是那种永久的特性。"赋予的"是完成产品后因不同的要求而对产品所增加的特性，如产品的价格、供货时间和运输要求等。

要求指"明示的、通常隐含的或必须履行的需求或期望"。明示的要求理解为是规定的要求。如在文件中阐明的要求或顾客明确提出的要求。通常隐含的要求是指组织、顾客和其他相关方的惯例或一般做法，所考虑的需求或期望是不言而喻的。必须履行的要求是指法律法规要求的或有强制性标准要求的。

质量的内涵是由一组固有特性组成的，并且这些固有特性是以满足顾客及其他相关方所要求的能力加以表征。质量具有经济性、广义性、实效性和相对性。

质量的经济性：由于要求汇集了价值的表现，价廉物美实际上是反映人们的价值取向；物有所值，就表明质量有经济性的表征。虽然顾客和组织关注质量的角度不同，但对经济性的考虑是相同的。高质量意味着以最少的投入，获得最大的效益。

质量的广义性：在质量管理体系所涉及的范畴内，组织的相关方对组织的产品、过程或体系都可能提出要求，而产品、过程和体系又都具有固有特性，因此，质量不仅指产品质量，也可指过程和体系的质量。

质量的时效性：由于组织的顾客和其他相关方对组织和产品、过程和体系的需求和期望是不断变化的，例如：原先被顾客认为质量好的产品会因为顾客要求的提高而不再受到顾客的欢迎，因此，组织应不断地调整对质量的要求。

质量的相对性：组织的顾客和其他相关方可能对同一产品的功能提出不同的需求，也可能对同一产品的同一功能提出不同的需求；需求不同，质量要求也就不同，只有满足需求的产品才会被认为是质量好的产品。

质量的优劣是满足要求程度的一种体现。它须在同一等级基础上做比较，不能与等级混淆。等级是指对功能用途相同但质量要求不同的产品、过程或体系所做的分类或分级。

注：顾客可以是产品购买者、下道工序、产品最终使用者等，是广义的。

（二）质量管理

质量管理是指在质量方面指挥和控制组织的协调活动。在质量方面的指挥和控制活动，通常包括制定质量方针和质量目标及质量策划、质量控制、质量保证和质量改进。

1. 质量方针和质量目标

质量方针是指由组织的最高管理者正式发布的该组织总的质量宗旨和质量方向。质量方针是企业经营总方针的组成部分,是企业管理者对质量的指导思想和承诺。企业最高管理者应确定质量方针并形成文件。质量方针的基本要求应包括供方的组织目标和顾客的期望和需求,也是供方质量行为的准则。

质量目标是组织在质量方面所追求的目的,是组织质量方针的具体体现,目标既要先进,又要可行,便于实施和检查。

2. 质量策划

质量策划是质量管理的一部分,致力于制定质量目标并规定必要的运行过程和相关资源以实现质量目标。质量策划幕后关键是制定质量目标并设法使其实现。质量目标在质量方面所追求的目的,其通常依据组织的质量方针制定,并且通常针对组织的相关职能和层次分别规定质量目标。

3. 质量控制

质量控制是质量管理的一部分,致力于满足质量要求。作为质量管理的一部分,质量控制适用于对组织任何质量的控制,不仅仅限于生产领域,还适用于产品的设计、生产原料的采购、服务的提供、市场营销、人力资源的配置,涉及组织内几乎所有活动。

质量控制的目的是保证质量、满足要求。为此,要解决要求(标准)是什么、如何实现(过程)、需要对哪些进行控制等问题。质量控制是一个设定标准(根据质量要求)、测量结果、判定是否达到了预期要求、对质量问题采取措施进行补救并防止再发生的过程,质量控制不是检验。总之,质量控制是一个确保生产出来的产品满足要求的过程。

4. 质量保证

质量保证是质量管理的一部分,致力于提供质量要求会得到满足的信任。质量保证定义的关键词是"信任",对达到预期质量要求的能力提供足够的信任。这种信任是在订货前建立起来的,如果顾客对供方没有这种信任则不会与之订货。质量保证不是买到不合格产品以后保修、保换、保退。保证质量、满足要求是质量保证的基础和前提,质量管理体系的建立和运行是提供信任的重要手段。因为质量管理体系对所有影响质量的因素,包括技术、管理和人员方面等,都采取了有效的方法进行控制,所以具有减少、消除,特别是预防不合格的机制。组织规定的质量要求,包括产品的、过程的和体系的要求,必须完全反映顾客的需求,才能给顾客以足够的信任。因此,质量保证要求,即顾客对供方的质量体系要求往往需要证实,以使顾客具有足够的信任。证实的方法包括:供方的合格声明;提供形成文件的基本证据(如质量手册,第三方的型式检验报告);提供由其他顾客认定的证据;顾客亲自审核;由第三方进行审核;提供经国家认可的认证机构出具的认证证据(如质量体系认证证书或名录)。质量保证是在有两方的情况下才存在,由一方向另一方提供信任。由于两方的具体情况不同,质量保证分为内部和外部两种,内部质量保证是组织向自己的管理者提供信任;外部质量保证是组织向顾客或其他方提供信任。

项 目 一

5. 质量改进

质量改进是质量管理的一部分，致力于增强满足质量要求的能力。作为质量管理的一部分，质量改进的目的在于增强组织满足质量要求的能力。由于要求可以是任何方面的，因此，质量改进的对象也可能会涉及组织的质量管理体系、过程和产品，可能会涉及组织的方方面面。同时，由于各方面的要求不同，为确保有效性、效率或可追溯性，组织应注意识别需要改进的项目和关键质量要求，考虑改进所需的过程，以增强组织体系或过程实现产品并使其满足要求的能力。

朱兰博士是世界著名的质量管理专家，他认为，现代科学技术、环境和质量密切相关。他说："社会工业化引起一系列环境问题的出现，影响着人们的生活质量。"随着全球社会经济和科学技术的高速发展，质量的概念必然拓展到全社会的各个领域，包括人们赖以生存的环境质量、卫生保健质量以及人们在社会生活中的精神需求和满意程度。

朱兰博士的生活质量观反映了人类经济活动的共同要求，经济发展的最终目的是为了不断满足人们日益增长的物质文化生活需求，质量管理的目的是让顾客满意。

（三）顾客满意与顾客满意管理

1. 顾客（customer）

顾客可以是个人、群体或是一个单位，其需求构成市场。

按照 ISO9000 国际标准 2000 年版中的定义，顾客是指接受产品的组织或个人，这里的"顾客"，既包括组织外部的顾客，也包括组织内部的顾客。

2. 顾客满意（Customer satisfaction，CS）

顾客满意是指顾客对其要求已被满足的程度的感受。如图 1-3 所示，用心服务，追求百分百顾客满意。

图 1-3 用心服务，追求百分百顾客满意

> **顾客满意是企业效益的源泉** ➡
>
> （1）发展1个新顾客的成本是留住老顾客的5倍（减价或者其他刺激措施固然可以快速吸引新的顾客，但这些顾客也会以同样的速度在竞争者的诱惑面前离你而去，而且将已经离开的顾客再次吸引回来的成本比使他们一开始就满意要高出很多），而流失1个老顾客的损失，需要争取10个新顾客才能弥补。
>
> （2）一位不满意的顾客会向8~10个人进行抱怨。
>
> （3）企业只要将顾客保留率提升5%，就可以将其利润提高85%。
>
> （4）将产品或服务推销给1位新顾客和1位老主顾的成交机会分别为15%和50%。
>
> （5）如果事后补救得当，70%的不满意顾客仍然将继续购买企业的产品或服务。
>
> （6）1个满意的顾客会引发8笔生意，其中至少有1笔成交；1个不满意的顾客会影响25个人的购买意愿。

顾客满意度指数（Customer satisfaction index，CSI）与顾客满意率（指顾客满意次数的百分比）。顾客满意管理（Customer satisfaction management，CSM）是一种以广泛的顾客为中心的全方位企业经营管理活动。

在营销界还有一个著名的等式：100－1＝0。意思是，即使有100个顾客对企业满意，但只要有1个顾客对其持否定态度，企业的美誉度就会立即归零。这种形象化的比拟显然有些夸大，但实际的调查数据表明：每位非常满意的顾客会将其满意的产品或服务告诉至少12个人，其中大约有10人在产生相同需求时会光顾该企业；相反，一位非常不满意的顾客会向至少8~10个人抱怨他的不满，这些人在产生相同需求时几乎不会光顾被抱怨的企业，而且还会继续扩大这一负面影响。

从以上这些数据可以看出，CS问题将直接影响现代企业的利润获得能力。企业向社会所提供的产品的最终使用者是顾客，他们在购买和使用产品以后，会产生一种可以模糊测定的心理体验，即满意程度。现代企业可以以提升这一满意程度为核心，展开其整个经营管理工作。

3. CS理论的缘起

顾客满意度概念最早由美国密歇根大学工商学院的经济学家、CFI国际集团（Claes Fornell International）董事长C. Fornell教授于1990年提出。C. Fornell教授主持创立"美国顾客满意度指数（American customer satisfaction index，ACSI）体系"，为美国政府提供了一个衡量宏观社会经济发展总体趋势和微观企业整体经营状况并能够支持企业决策的强有力工具。

C. Fornel教授认为：如今企业管理已逐步从以产值、销售额、利润等为中心转向以

7

顾客或 CS 为中心，作为一种质量型经济指标，CSI 可以较好地弥补数量型经济指标的不足，从而科学地评价企业的经营业绩，以 CSI 为指向，对企业的经营管理进行改进，达到企业和顾客双赢的目的。

4. CS 的理论研究方法

贯穿于 CSI 统计和计算过程中的理论研究方法以图 1-4 所示的四个阶段的特有过程来证明 CS 理论的可靠性。

图 1-4 CS 战略研究的四个阶段

CS 包括策划（从顾客需求结构提取顾客满意因子）、调查（属于市场调研的范畴，在于调查顾客对商品各项 CSI 指标的主观感受评价）、评价（量化公式和分析工具）和改进。

另外，CS 理论的研究方法还有以下一些特点：

（1）二次调查：由于一次调查统计的结果会因主题分散而流于形式。二次调查则可以在最大程度上获取与调查主题相关的可用的综合信息。

（2）专家调查：通过专家调查，可以充分发挥专家们的专业知识优势，删除无用信息和项目，构建指标体系。

（3）定性研究：可以根据调查结果撰写管理人员所需要的不同主题的研究报告，还可以让管理人员充分了解顾客的其他需求。

（4）定量求值：目标在于找出对企业的经营业绩和顾客满意度影响最为显著的因素，同时以函数形式表达各因素的影响程度。

5. 中国有关 CS 的研究与应用概况

中国关于 CS 理论的研究尚处于刚刚起步的阶段。

中国经济经过几十年的数量型增长，也已经开始转向可持续发展战略所提倡的质量型增长。此外，随着市场经济体制的建立和发展，买方市场已经形成，行业价格恶性竞争状况比较严重，通过研究 CS，形成 CSI 体系，测定顾客对产品和服务的满意程度，可以反映和指导提高行业和企业产品或服务的质量，引导新型质量良性竞争。中国质量协会于 1999 年组成了专家小组开始在全国范围内推动企业开展 CS 管理和研究 CSI，并于第二年在天津召开了 CS 理论与实践国际研讨会，促进了中国企业 CS 管理的进步。

进行顾客满意度研究，旨在通过连续性的定量研究，获得消费者对特定服务的满意度、消费缺陷、再次购买率与推荐率等指标的评价，找出内、外部客户的核心问题，发现最快捷、有效的途径，实现最大化价值。随着人们对于顾客满意度认识的加深，基于顾客满意度的研究和应用在各个行业或者领域内得以推广，其中涉及到的行业或者领域包括金融、物流及配送、零售、酒店、电子商务、旅游、交通运输、汽车销售与服务、通讯、电力、服装、餐饮、教育和医院等十多个。

总之，通过该项指数的调查，不但对行业内的企业进行了评比，起到了激励先进、鞭策落后的作用，更重要的是使企业看到了提高服务质量的契机和有待改进的地方。

6. 顾客满意与顾客忠诚

满意度的增加并不意味着顾客忠诚度也在增加，调查显示，65%～85%的表示满意的顾客会毫不犹豫地选择竞争对手的产品。因此，CS 与顾客忠诚是两个完全不同的概念。

CS 的最高目标是提升顾客忠诚度，而不仅仅是满意度。这两者的主要区别在于：企业提供的可使顾客满意的产品质量标准还是在顾客的期望范围之内，顾客认为你是应该或者可以提供的，英文中用 desired（渴望的）表示（基本质量标准是 expected）；而可提高顾客忠诚度的产品质量标准是超出顾客想象范围的、令顾客感到吃惊的、兴奋的服务，英文用 excited 表示。顾客忠诚是指顾客在满意的基础上，对某品牌或企业做出长期购买的承诺，是顾客一种意识和行为的结合。它是 CS 的进一步发展，是企业最终追求的目标。以下以图 1-5 来说明两者之间的关系。

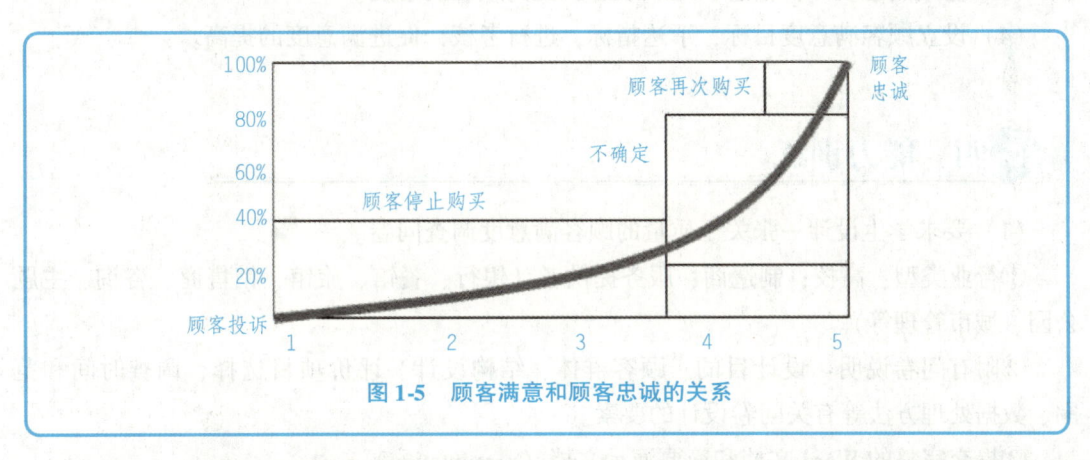

图 1-5 顾客满意和顾客忠诚的关系

从图 1-5 中可以较直观地看出 CS 和顾客忠诚之间的关系，顾客非常不满意对应的顾客忠诚度为零，顾客是会离企业而去的；达到了 CS，顾客忠诚度大约为 35%，仍有大部分顾客不会再次购买；只有在 CS 的基础上，进而达到非常满意，顾客忠诚度超过了 80%时，顾客才会发生再次购买行为，成为这个品牌的忠诚顾客。

7. 实施顾客满意管理必须坚持的原则

1) 全程性原则

贯穿于从开发决策、设计、生产、销售直至交付顾客使用及提供售后服务的全过程。

2) 面向顾客原则

从顾客需求结构的调查、反映顾客需求的项目指标及指标权值体系的确定和对顾客主观感受的调查等几方面予以保证。

3) 持续改进原则

CS 本身是一个动态的概念，因为顾客的需求处在不断的变化和发展之中。因此，在现代企业中实施 CS 管理不是一蹴而就的事情，必须坚持持续改进的原则，才能取得更大的、持续的成功。

8. 实施顾客满意管理的基础性工作

（1）围绕 CS 建设企业文化。

（2）建立以 CS 为导向的企业组织结构。

（3）培养员工优良的综合素质。

9. 顾客满意管理的实施步骤

（1）顾客满意度的调查方式。

（2）顾客满意度的评价。

（3）应用满意度评价信息，组织改进，提高顾客满意度。

（4）设立顾客满意度目标，下达指标，进行考核，促进满意度的提高。

四、能力训练

（1）要求学生设计一张关于质量的顾客满意度调查问卷。

①行业类型：高校；制造商；服务提供者（银行、餐馆、旅馆、销售商、咨询、主题公园、城市管理等）。

②附有问卷说明：设计目的、顾客群体、结构设计、评价项目选择、调查时间和范围、数据处理方法等有关问卷设计的要素。

③提交完整的 Word 文档和简要演示文档（presentation）。

④小组演示汇报（presentation），每组不超过 10 min。

（2）选择某超市，开展一次家电产品的顾客满意度调查实践活动。

①选择本地区大型超市一家，第一小组同学以现场询问方式进行调查（100 位以上顾客）。

②第二小组同学进行统计，写出调查报告，进行评价汇报。

③第三小组写出顾客满意度改进计划，突出具体措施，下达指标。

④第四小组跟踪调查，接收顾客忠诚度意见反馈。

五、应知应会

（一）选择题

（1）顾客满意是顾客对其要求已被满足的程度的感受。如果可感知效果与顾客期望相匹配，顾客就会（　　）。
　　A. 满意　　　　B. 高度满意　　　C. 抱怨　　　　　D. 忠诚

（2）测试顾客满意度最常用的手段是（　　）。
　　A. 当面交谈　　B. 书面问卷　　　C. 电话访问　　　D. 焦点小组

（3）决定顾客满意度的因素有（　　）。
　　A. 顾客感知质量　B. 顾客期望　　C. 顾客感知价值　D. 顾客参与度
　　E. 顾客忠诚

（4）在质量改进的衡量中，来源于顾客满意程度的信息有（　　）。
　　A. 顾客抱怨　　B. 废物处置　　　C. 销售商反馈　　D. 过程稳定性
　　E. 服务人员反馈

（二）判断题

（1）顾客满意指顾客对其要求已被满足的程度和感受。　　　　　　　　（　　）
（2）顾客没有抱怨就意味着顾客满意。　　　　　　　　　　　　　　　（　　）
（3）顾客抱怨和顾客忠诚之间呈现负相关关系。　　　　　　　　　　　（　　）

（三）名词解释

（1）质量。
（2）质量管理。
（3）顾客。
（4）顾客满意度。

（四）问答题

（1）企业为什么要开展 CS 管理？
（2）请讨论一个企业开展 CSI 测评与一个行业开展 CSI 测评带来的效果。
（3）从公众的角度提出对政府机构的 CSI 的调查方案建议。
（4）为什么要进行顾客满意度研究？
（5）顾客满意度与顾客忠诚度有什么区别？为什么区分这两个概念有非常重要的意义？
（6）顾客满意指数这个指标有何重要意义？
（7）顾客满意度研究能帮助企业解决什么问题？
（8）有效的顾客关系管理包括哪些重要环节？
（9）解释顾客满意，说明顾客期望质量与感知质量之间的关系。

六、项目评价

学习与工作任务过程评价自评见表 1-1。

表 1-1　学习与工作任务过程评价自评

班级		姓名		学号		日期	年　月　日		
评价指标	评价要素				权重	等级评定			
						A	B	C	D
信息检索	能有效利用网络资源、工作手册查找有效信息				5%				
	能用自己的语言有条理地解释、表述所学知识				5%				
	能将查找到的信息有效转换到工作中				5%				
感知工作	熟悉你的工作岗位,认同工作价值				5%				
	在工作中,获得满足感				5%				
参与状态	与教师、同学之间相互尊重、理解、平等				5%				
	与教师、同学之间能够保持多向、丰富、适宜的信息交流				5%				
	探究学习、自主学习不流于形式,处理好合作学习和独立思考的关系,做到有效学习				5%				
	能提出有意义的问题或能发表个人见解;能按要求正确操作;能够倾听、协作分享				5%				
	积极参与,在学习与工作过程中不断学习,综合运用信息技术的能力提高很大				5%				
学习方法	工作计划、操作技能符合规范要求				5%				
	获得了进一步发展的能力				5%				
工作过程	遵守管理规程,操作过程符合现场管理要求				5%				
	平时上课的出勤情况和每天完成工作任务情况				5%				
	善于多角度思考问题,能主动发现、提出有价值的问题				5%				
思维状态	能发现问题、提出问题、分析问题、解决问题、创新问题				5%				
自评反馈	按时按质完成工作任务				5%				
	较好地掌握了专业知识点				5%				
	具有较强的信息分析能力和理解能力				5%				
	具有较为全面严谨的思维能力并能条理明晰表述成文				5%				
自评等级									
有益的经验和做法									
总结反思建议									
等级评定	A:很满意;B:比较满意;C:一般;D:有待提高								

学习与工作任务过程评价互评见表1-2。

表1-2 学习与工作任务过程评价互评

班级		姓名		学号		日期	年	月	日
评价指标	评价要素				权重	等级评定			
						A	B	C	D
信息检索	能有效利用网络资源、工作手册查找有效信息				5%				
	能用自己的语言有条理地解释、表述所学知识				5%				
	能将查找到的信息有效转换到工作中				5%				
感知工作	熟悉自己的工作岗位,认同工作价值				5%				
	在工作中,获得满足感				5%				
参与状态	与教师、同学之间相互尊重、理解、平等				5%				
	与教师、同学之间能够保持多向、丰富、适宜的信息交流				5%				
	能处理好合作学习和独立思考的关系,做到有效学习				5%				
	能提出有意义的问题或能发表个人见解;能按要求正确操作;能够倾听、协作分享				10%				
	积极参与,在学习工作过程中不断学习,综合运用信息技术的能力提高很大				10%				
学习方法	工作计划、操作技能符合规范要求				5%				
	获得了进一步发展的能力				5%				
工作过程	遵守管理规程,操作过程符合现场管理要求				5%				
	平时上课的出勤情况和每天完成工作任务情况				5%				
	善于多角度思考问题,能主动发现、提出有价值的问题				5%				
思维状态	能发现问题、提出问题、分析问题、解决问题、创新问题				5%				
自评反馈	能严肃认真地对待自评,并能独立完成自测试题				10%				
互评等级									
简要评述									
等级评定	A:很满意;B:比较满意;C:一般;D:有待提高								

项目二

质量成本管理

当前质量管理的口号是：高质量、低成本、快速反应。强调企业生存和发展的前提是"盈利"。产出大于投入，企业经营离开这一原则就无法生存。中国加入WTO（世界贸易组织），所有的资源管理问题，包括人力、财务、物资等，必将更加讲"质量成本"问题，以追求最佳经济效益。

质量成本管理是从经济性或者从价值的角度考虑质量和质量管理，将企业中质量预防和鉴定活动的费用与产品质量不合要求所引起的损失一起考虑，并形成质量成本报告，成为企业高层管理者了解质量问题对企业经济效益影响以及与中低层管理者之间沟通的桥梁，是进行质量决策的重要依据。

知识目标

1. 掌握质量成本的概念和构成。
2. 了解质量成本管理的目的、报告的编写程序、科目的设置和核算。

能力目标

1. 能进行质量成本数据的收集、整理和初步分析，即收集资料、敢于实践方面的能力。
2. 能进行质量成本管理的基本核算。

情感目标

1. 锻炼学生的团结合作精神、交流沟通技巧。
2. 培养学生发现问题、分析问题、解决问题的能力。

一、典型案例

铸钢件厂老总的零缺陷管理

有家工厂的分工厂是做铸钢件的,长期以来,做这种铸钢有翻砂的工序,一旦有砂眼、气孔,一定得用焊条来补焊。于是就水涨船高,铸钢的产量越来越大,用的焊条也越来越多,焊工也越来越多。这家公司是个国企,产值一年有几千万元,利润却只有区区5万元。

这几年市场越来越大,整个任务量也越来越大,促使他们思考,是不是应该做预算,因为预算是看得见的。多一点预算,就要多买一些焊条,多增加几个焊工。管理层的思路也很简单,有更多的任务,就一定要增加投入,水涨船高。

有一天,整个集团公司引入了零缺陷的概念,零缺陷的概念就是第一次就把事情做正确。这家分厂老总就有所思考:如果能在第一次就做对了,就意味着铸钢上没有砂眼了,也就不需要再焊了,也就不需要焊条了,就是连焊工都不需要了,想到这儿,把他自己也吓了一跳。为了验证自己的这个想法,他就问那些焊工:在工作中,有没有不需要补焊的?焊工们说当然有,很多时候不需要补焊,一次性翻砂成功。老总又问:那为什么还要补焊呢?员工就回答:因为一直以来都这么做,而且干嘛要一次就完成,不然让焊工干什么?让他们多点活干。

老总跟员工谈完之后,吓出了一身冷汗。终于明白:原来堆积如山的焊条,12个小时在忙碌的焊工,都叫作质量成本。我之所以熟视无睹,是因为在我的潜规则里面,认为这个行业要做铸钢,就一定要有气孔、砂眼,一定要补焊。因此,我用了可接受的质量水平的政策,就是AQL的政策来管理。现在,我一定要修订政策和措施。

他开始修订政策,告诉大家第一次把事情做对的思路,后面还有很多具体的措施。要求在3个月之内,看不到焊条,5个月之内,12个焊工里就留下2个人,这是明确的目标。然后大家就有步骤、有方法地去实施。半年以后,他们一算账,账上增加了120万元,他们感到很吃惊,哪来这么多钱呢?于是,更新了办公设备,把整个公司的办公楼粉刷一遍,还修了一个漂亮的厂门,结果还有50万元趴在账上,就上报了,得到了总厂大老板的表扬。

交流讨论: 从企业的基层开始努力地去改进,努力打破传统概念,解决思想问题,挖潜节能,才能做好企业质量成本管理的工作。

二、任务布置

虚拟某公司的质量成本部,上级布置一项任务,对公司2015年年度的质量成本进行分析,做成质量成本分析报告,指出公司质量成本的问题,针对问题,提出整改措施,降低公司下一年度的不合格率，降低公司的质量成本。

(1) 编制质量成本综合报告。

(2) 分析和计算成本指数。

(3) 对质量成本构成进行分析总结。

本项目主要通过学生对产品质量成本的学习，让同学们了解质量成本的构成、质量成本指标体系，掌握质量成本报告内容和编写方法，掌握质量综合分析方法。

某机电有限公司 2000 年质量成本有关数据见表 2-1、表 2-2，请详细分析，进行案例分析讨论。

表 2-1　2000 年质量成本　　　　　　　　　　　　　　　　　万元

质量成本部门	设计	生产	客服	采购	管理	质检	合计
预防成本	34.7	33.0		10.2	3.5	30.8	112.2
质量教育培训	0.1	12.7		10.2		27.3	50.3
质量管理部门办公费	34.6	10.3				3.5	48.4
质量策划、改善费	34.6	8.1					42.7
质量审核		2.2				3.5	5.7
质量管理成本					3.5		3.5
鉴定成本		1.7		2.2		5.9	9.8
货源检验及测试				2.2			2.2
试验、检验费		1.7				4.7	6.4
原材料零部件检验						2.0	2.0
半成品产品检验						2.7	2.7
试验设备维修		1.7					1.7
质检人员培训						1.2	1.2
内部质量损失		40.1	3.0	2.2		7.5	53.8
返工停工成本		30.5					30.5
半成品产品返工		24.5					24.5
停工费用		6.0					6.0
报废及保修费用		5.0	3.0				8.0
产品报废成本		3.2					3.2
产品保修费用		1.8	3.0				4.8
材料评审费				2.2		7.5	9.7

续表

质量成本部门	设计	生产	客服	采购	管理	质检	合计
产品降级使用成本		4.6					4.6
外部质量损失费		5.8	11.3	3.5		4.9	28.5
投诉处理成本			5.2				5.2
通货处理成本		2.5	3.0			4.9	10.4
返修或挑选费		3.3		3.5			6.8
索赔费			3.1				3.1
累 计							

表 2-2　公司质量成本项目总额　　　　　　　　　　　　　万元

月份	1	2	3	4	5	6	7	8	9	10	11	12	合计
预防成本	8.2	8.6	9.3	9	8	10	8.5	10.2	10.4	10.5	10	9.5	112.2
鉴定成本	0.8	0.8	0.9	1	0.6	0.5	0.9	1.0	1.0	0.8	0.8	0.7	9.8
内部损失	2	3	4.1	3.5	4	5	4	5	6.1	5.2	6	5.9	53.8
外部损失	2.5	2.2	2.5	2.2	1.7	1.3	2.3	2	1.8	2.6	2.1	2.3	25.5
总成本	13.5	14.6	16.8	15.7	14.3	16.8	15.7	18.2	19.3	19.1	18.9	18.4	201.3

三、相关知识

（一）质量成本

1. 历史沿革

质量成本的概念由美国质量管理专家费根堡姆（A. V. Feigenbaum）在 20 世纪 50 年代初最早提出。费根堡姆：第一次将企业中质量预防和鉴定活动的费用与产品质量不合要求所引起的损失一起考虑，并形成质量成本报告。

美国著名质量管理专家朱兰（J. M. Juran）说：企业在废次品上发生的成本好似一座金矿——"矿中黄金"。所谓"矿中黄金"，指的是"质量上可减免成本的总额"。

2. 概念和构成

所谓质量，国际标准 ISO8042:1994 中对其所作的定义是："反映实体满足明确和隐含需要的能力的特性总和。"而质量成本则是指为了满足消费者的特定需要而使产品达到预定质量水平所必须发生的耗费与可能发生的损失之和。质量成本是指企业为了保证满意的质量而支出的一切费用和由于产品质量未达到满意而产生的一切损失的总和，是企业生产总成本的一个组成部分。

质量成本管理则是在经济发展过程中，伴随着质量管理和成本管理的结合而发展起来的。质量成本管理是指企业通过对质量成本的整体控制而达到产品质量和服务质量的保证体系。质量成本管理大体上可分为三个发展阶段：标准化质量成本管理、统计质量成本管理和全面质量成本管理。

质量成本是构成产品成本的因素，质量成本的变化必然影响着产品总成本的变化，且直接影响企业净利润的变化。质量成本组成见表2-3。

表 2-3 质量成本组成

质量成本	质量保证成本	预防成本（prevention cost）：为避免或减少不合格（如质量故障、不能满足质量要求或无效工作等）而投入的费用	包括：质量工作费、质量培训费、质量奖励费、产品评审费、质量改进措施费、工资及福利奖金
		鉴定成本（appraisal cost）：为了评定是否存在不合格而投入的费用。诸如试验、检验、检查和评判的费用	包括：检测试验费、工资及福利奖金、办公费、检测设备折旧费
	质量损失成本	内部损失成本（internal failure cost）：出现的不合格在交货前被检出而构成的损失。诸如为消除不合格而重新提供服务、重新加工、返工、重新鉴定或报废等	包括：废品损失、返修损失、停工损失、事故分析处理费、产品降级损失
		外部损失成本（external failure cost）：出现的不合格在交货后被检出而构成的损失。诸如保修、退货、折扣处理、货物回收、责任赔偿等	包括：索赔费用、退货损失、保修费用、诉讼费、产品降价损失

特殊情况下，还包括外部质量保证成本，指为提供用户要求的客观证据所支付的费用。

外部质量保证成本包括：特殊的和附加的质量保证措施、程序、数据、证实试验和评定的费用（如由认可的独立实验机构对特殊的安全性能进行试验的费用），如：质量保证措施费、产品质量证实试验费、评定费等。

3. 适宜的质量成本水平

质量成本 = 质量保证费用 + 质量损失成本。

这就告诉我们，质量成本有一个最佳值，即适宜的质量成本水平。由于企业的生产类型、产品结构等条件千差万别，其质量成本最佳值是有差异的。图 2-1 所示为质量成本结构。

图 2-1　质量成本结构

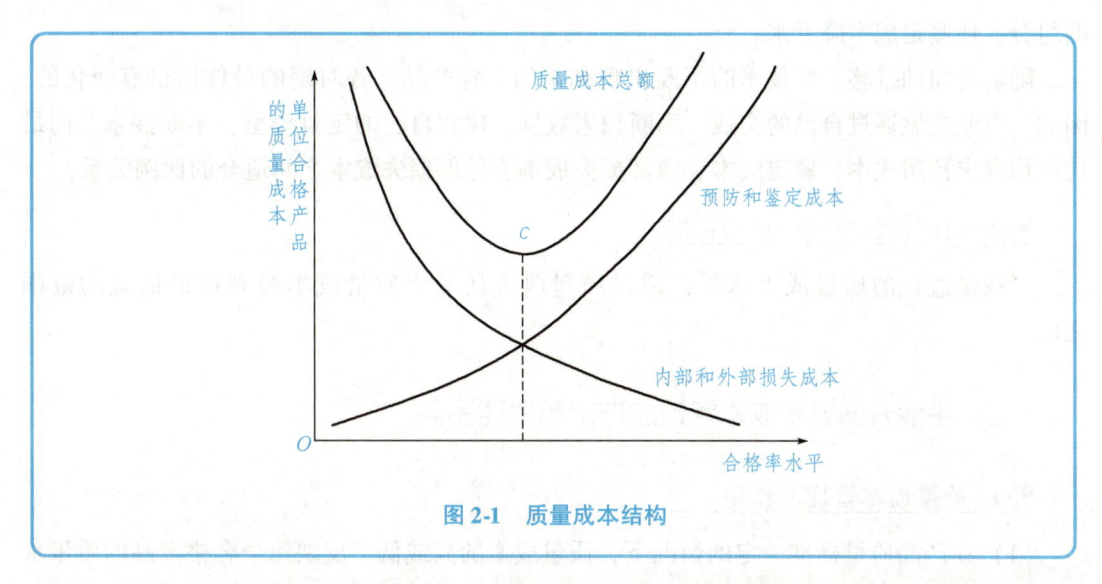

各项项目之间存在着相互影响、相互作用的关系，比如预防成本、鉴定成本的增加，会导致质量损失成本的减少。质量成本特性曲线显示了质量成本最佳值的概念及其对应的适宜质量水平的概念。将表示质量成本的曲线 c 上的最低点附近的区域加以放大，如图 2-2 所示。将此区域划分为三个活动区域，可以通过质量成本项目构成的比例来说明各活动区域的特点及在质量管理方面应采取的对策建议。

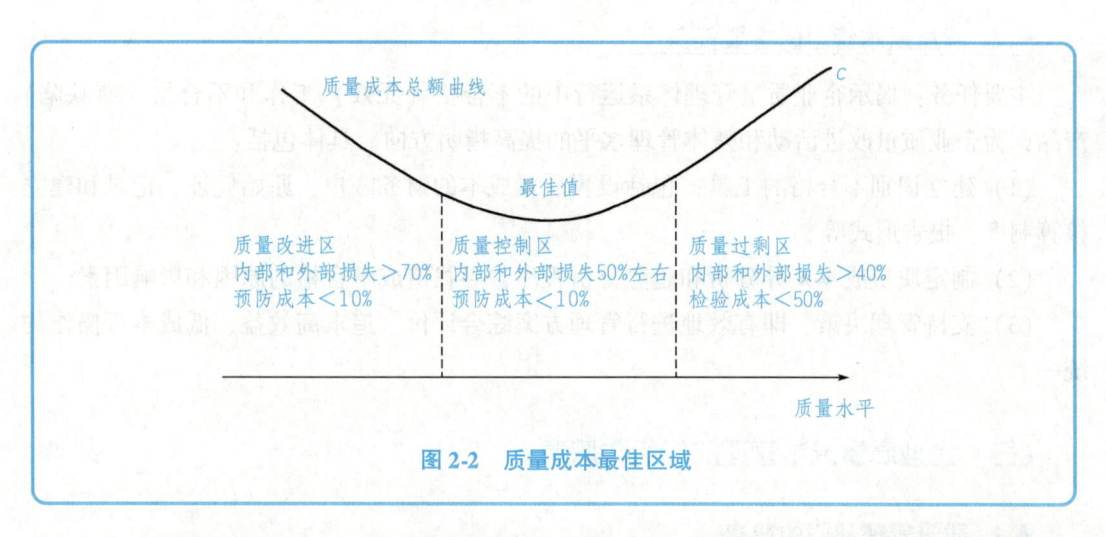

图 2-2　质量成本最佳区域

（1）质量改进区域。内外部损失成本占主导地位，说明生产工艺过程很不稳定，预防性措施不利，在这种情况下，应加强质量管理，采取突破性措施予以改进，以降低质量总成本。

（2）质量控制区。这种情况说明生产过程比较稳定，不易找到更大的潜力，应将质量管理活动的重点转向控制。

（3）质量过剩区。鉴定成本大于损失成本，鉴定成本占主导地位。说明有许多鉴定检验措施失去了经济意义，应该重新审查各项鉴定检验活动的有效性，降低质量标准中过多的组分，使鉴定成本降下来。

随着时间的推移、新技术的不断出现和采用，各产品、各时期的最佳值也有变化的，因此，企业应该通过自己的实践，不断积累数据，建立自己的定量模型，不断探索并向最佳区域探求预防成本、鉴定成本、内部损失成本、外部损失成本之间适合的比例关系。

4. 企业质量成本管理的目的

寻找最适宜的质量成本水平，通过质量改进活动将质量成本控制在最适宜的范围之内。

（二）企业开展质量成本管理的作用和主要任务

1. 质量成本管理的作用

（1）在产品质量标准一定的情况下，质量成本的高或低不反映每个合格产品的质量水平，而是显示了可能的合理化潜力和改进机会。

（2）质量成本数据是企业产品的质量缺陷和质量管理体系薄弱环节——不合格的重要指示器，开展质量成本管理就意味着为质量改进活动和提高企业收益寻求突破口。

（3）质量成本管理采用货币形式而使得质量管理工作与企业领导有了共同语言，有助于企业领导很快明确质量要求和支持实施质量改进措施。

2. 质量成本管理的主要任务

主要任务：揭示企业质量管理体系运行中的不合格（无效）工作和不合格（有缺陷）产品，为企业质量改进活动和整体管理水平的提高指明方向。具体包括：

（1）建立识别不合格的工具，包括设置质量成本的财务账户、原始凭证、记录和建立核算制度、报告形式等。

（2）制定质量成本差异分析和趋势分析程序，寻找造成不合格的原因和影响因素。

（3）支持管理决策，即有效地进行管理方案综合评价，追求高效益、低成本可操作的统一。

（三）企业质量成本管理的组织与职责

1. 质量管理部门的职责

（1）协助企业领导组织和推动质量成本管理工作，组织相关的培训。

（2）编写、修订企业质量成本管理文件，研究、提出和推动实施质量成本管理程序和方法。

（3）与财务部门一起研究和设置质量成本科目，并确定相应的责任人或部门。

（4）与财务部门一起研究和设计相关的原始凭证，要求便于记录、汇总和核算。

（5）制定、组织落实企业质量成本计划，监督和考核质量成本计划的实施。

（6）负责企业质量成本的综合分析，撰写质量成本报告，并制订和组织落实对应的质量改进计划。

（7）负责处理企业质量成本管理体系运作中的紧急情况。

（8）对有争议的质量成本责任做出仲裁。

2. 财务部门的职责

（1）配合质量管理部门研究和设置企业质量成本科目，力求与企业的会计科目相协调，以便更好地发挥财务支持作用。

（2）配合质量管理部门研究和设计相关的原始凭证，在企业实施质量成本管理活动中提供质量成本的原始凭证和数据。

（3）进行质量成本核算，并按照企业质量成本管理程序的要求进行财务数据分析，为质量管理部门进行质量成本综合分析提供依据。

（4）为质量管理部门监督和考核企业质量成本计划的实施情况提供财务支持。

（5）审核质量成本报告，认定有关数据的真实性并证实企业质量改进方案实施后的经济效果。

3. 人事部门的职责

（1）组织质量成本管理方面的培训。

（2）明确各部门质量成本管理的职责。

（3）明确各部门、各过程中的质量成本源。

（4）提供相关人事工资等数据。

（5）实施质量成本管理的考核工作。

4. 其他各部门的职责

（1）积极组织参加质量成本管理的培训。

（2）确认本部门的质量成本责任，分析本部门质量成本发生的原因，制订纠正和预防措施。

（3）实施纠正和预防措施，并协助企业质量管理部门和财务部门检查实施效果，避免质量问题再次发生。

（四）质量成本管理发展阶段

质量成本管理大体上可分为三个发展阶段：标准化质量成本管理、统计质量成本管理和全面质量成本管理。

标准化质量成本管理主要是指1924年以前泰罗的科学管理，其特点是依靠质量检验的专业化队伍，按照既定的质量技术标准进行事后检验和质量把关，以减少废次品。

第二次世界大战期间，由于军事工业的快速发展，标准化质量管理既费工又费时，不能满足生产需要。以美国电话公司工程师休哈特为代表，采用数理统计和概率的方法，对产品质量进行"抽样检验"和对废次品进行"防护性"的事前控制，省时省工、效果明显。以道奇罗末格为首，采用统计方法，解决了破坏性实验下控制质量现状、减少损失的难题。这两大突破促使了统计质量管理的形成。

20 世纪 50 年代初期，美国质量管理专家费根堡姆提出了将质量预防和鉴定活动的费用与产品质量不合格所引起的损失一并考虑，将质量与成本结合起来，形成了质量成本管理。

20 世纪 60 年代后，费根堡姆在研究全面质量管理的过程中，把质量成本管理的范围扩大到产品生命周期，形成从市场调查、产品设计、技术装备、物资供应、生产制造、产品销售到用户使用的全过程的质量成本管理，并提出五类重要的质量成本，即间接质量成本和卖主质量成本、无形质量成本与"责任暴露"质量成本、质量设备成本、寿命周期成本和用户质量成本等。

20 世纪 80 年代，哈林顿在《不良质量成本》一书中，把质量成本改名为"不良质量成本"，并划分为直接不良质量成本和间接不良质量成本。在间接不良质量成本中，把用户损失成本、信誉损失成本、用户不满损失成本等全部包括在不良质量成本之中。哈林顿还进一步将质量检测、试验设备和有关报告质量数据的设备投资，如计算机、打印机等列为不良质量成本。对由操作者特别是管理者的差错造成的内部损失和外部损失也列为内部差错成本和外部差错成本。

质量成本范围的扩大也同时要求质量管理范围的扩大，从而推动质量成本管理的发展。

（五）质量成本管理的作用

（1）有利于控制和降低成本。

随着时代的发展，产品结构日趋复杂，顾客对外观、精密度、可靠性要求越来越高，使产品质量成本在产品总成本中所占的比重不断增多。

（2）是寻求提高产品质量的一种途径。

对质量成本进行分析与计算，有助于推进质量改进计划的实施，提高产品的可靠性，预防潜在不合格的发生。

（3）便于管理层掌握质量管理中存在的问题。

通过质量成本计算与分析，企业的管理层能看到各项费用所占的比例，能具体地了解产品质量和质量管理中存在的问题，以及对企业经济效益带来的影响。

（4）可以拓宽成本管理道路。

过去，我国的成本管理实际上只是成本的事后计算，没有管理到生产经营的全过程，因此目标成本没有有效手段进行控制。引入质量成本后，对成本实施全过程的预防性控制，针对不同职能，分别核算，从而扩大成本管理的职能和工作范围，使成本管理进入一个新阶段。

（六）质量成本管理的内容

质量成本管理是对产品从市场调研、产品设计、试制、生产制造到售后服务的整个过程进行的质量管理，是全员参加的对生产全过程的全面质量管理。具体来说，质量成本管理一般包括以下几个方面：

(1) 产品开发系统的质量成本管理。
(2) 生产过程的质量成本管理。
(3) 销售过程的质量成本管理。
(4) 质量成本的日常控制。

（七）质量成本管理应遵循的原则

(1) 全员参与质量成本管理。

根据财务成本和全面质量管理全员参与的要求及大质量的管理理念，要以"全员参与质量成本管理，全力进行质量成本优化，全过程落实质量成本控制，全方位实现质量成本效益"为内容开展质量成本管理活动，才能有效落实质量成本管理的目标规划，才能实现有效管理。

(2) 以寻求适宜的质量成本为目的。

企业的质量成本应与其产品结构、生产能力、设备条件及人员素质等相适应，也就是说要根据本企业的特点，建立质量成本管理体系，寻求适宜的质量成本目标并有效地控制它。

(3) 以真实可靠的质量记录、数据为依据。

实施质量成本管理过程中，所使用的各种记录、数据务必真实、可靠。只有这样，才可能做到核算准确、分析透彻、考核真实、控制有效。否则，势必流于形式，无法获取效益。

(4) 把质量成本管理的职责明文列入各相关职能部门。

质量成本管理是生产经营全过程的管理，因此涉及各相关职能部门，如：财务、检验、生产、售后服务、货仓等部门。只有把质量成本的统计及分析纳入其质量职能中去，才能坚持不懈地开展这项工作。否则，仅靠质量部门是开展不了质量成本管理工作的。

(5) 建立完善的成本决算体系。

要对成本进行控制，就要对成本的核算有统一的口径，应有对人工的工时、成品的加工成本、损失成本、生产定额等有统一的核算和计价标准，这样对于质量成本的计算才能快速、及时、准确，并且可以减少相关职能部门统计数据的主观性。

四、能力训练

(一) 训练步骤

(1) 任务分析，分解。
(2) 依据课前收集老师课上提供的资讯，小组讨论。
(3) 分析产品质量成本，编辑成本质量报告。
(4) 分析质量成本的问题，提出整改措施。
(5) 项目展示，交流研讨。
(6) 知识归纳总结。

(二) 项目准备

(1) 质量成本的组成。
(2) 质量成本指标体系。
(3) 质量成本报告。
(4) 抽样方案。

(三) 检验方法

学生在老师的指导下，能够区别质量成本的构成，掌握编制质量成本报告的方法，运用质量成本综合分析方法对某公司质量成本进行分析。

教师选用一组进行工作汇报，找出一组给汇报组加以评价，然后点评学生的质量成本报告，让同学们根据点评优化质量成本报告，培养分析任务、沟通、合作等工作能力。

五、应知应会

(一) 选择题

(1) 产品交货后，因产品不能满足规定的质量要求所造成的损失是(　　)。
　　A. 内部故障成本　　　　　　B. 外部故障成本
　　C. 外部质量保证成本　　　　D. 鉴定成本
(2) 质量成本的分析研究工作应由(　　)组织领导。
　　A. 总经理　　　　　　　　　B. 总工程师
　　C. 总会计师　　　　　　　　D. 总工程师和总会计师
(3) 产品在各道工序加工完毕和成品入库时的检验和试验费用称为(　　)。
　　A. 鉴定成本　　　　　　　　B. 内部故障成本

　　　　C. 工序和成品检验费　　　　　　D. 工序控制费
(4) 开展质量成本分析在计划实施阶段一般(　　)发布一次。
　　　　A. 一年　　　B. 一月　　　　C. 三年　　　　D. 半年
(5) 质量成本是衡量企业质量管理活动和质量体系(　　)的依据。
　　　　A. 品质性　　B. 经济性　　　C. 时效性　　　D. 有效性
(6) 据国外企业统计，质量成本一般占企业总销售额的(　　)。
　　　　A. 5%　　　　B. 10%　　　　C. 5%～10%　　D. 15%
(7) 质量成本的降低可以通过提高(　　)质量得以实现。
　　　　A. 维修　　　B. 检验　　　　C. 管理　　　　D. 工作
(8) 在产品的制造和销售过程中所发生的质量成本是(　　)。
　　　　A. 直接质量成本　　　　　　　B. 间接质量成本
　　　　C. 无形质量成本　　　　　　　D. 过程质量成本
(9) 无形质量成本属于(　　)。
　　　　A. 直接质量成本　B. 间接质量成本　C. 鉴定成本　D. 预防成本
(10) 在直接质量成本构成中，内部故障成本占全部质量成本的(　　)。
　　　　A. 25%～40%　B. 20%～40%　C. 10%～50%　D. 0.5%～5%
(11) 在直接质量成本构成中，外部故障成本占全部质量成本的(　　)。
　　　　A. 25%～40%　B. 20%～40%　C. 10%～50%　D. 0.5%～5%
(12) 在直接质量成本构成中，鉴定成本占全部质量成本的(　　)。
　　　　A. 25%～40%　B. 20%～40%　C. 10%～50%　D. 0.5%～5%
(13) 在直接质量成本构成中，预防成本占全部质量成本的(　　)。
　　　　A. 25%～40%　B. 20%～40%　C. 10%～50%　D. 0.5%～5%
(14) 质量评审费属于(　　)。
　　　　A. 预防成本　B. 鉴定成本　C. 内部故障成本　D. 外部故障成本
(15) 下列各项费用中属于内部故障成本的是(　　)。
　　　　A. 降价费　　　　　　　　　　B. 工序控制费
　　　　C. 不合格品处理费　　　　　　D. 进货测试费
(16) 有关"废品损失"正确叙述的是(　　)。
　　　　A. 生产有缺陷产品直接或间接发生的有关费用
　　　　B. 制造有缺陷的产品所造成的损失
　　　　C. 由于未能正确地做工作而支出的无效或负效费用
　　　　D. 保证产品质量而支出的一切费用
　　　　E. 制造的产品在经济上已不值得修复利用而发生的损失
(17) 研究质量成本的意义有(　　)。
　　　　A. 有利于控制和降低成本
　　　　B. 有利于贯彻质量责任制

C. 有利于满足顾客关于质量成本方面的需要

D. 有利于监测和评价质量体系

E. 促进企业领导重视产品质量

(18) 直接质量成本由( )构成。

A. 内部故障成本　　　　　　B. 外部故障成本

C. 鉴定成本　　　　　　　　D. 预防成本

E. 无形成本

(19) 内部故障成本一般包括( )。

A. 废品损失　B. 返工费　　C. 复检和筛选费　D. 停工损失

E. 不合格品处理费

(20) 外部质量成本一般包括( )。

A. 保修费　　B. 索赔费　　C. 诉讼费　　　　D. 退货费

E. 降价费

(21) 鉴定成本一般包括( )。

A. 进货检验费　　　　　　　B. 工序和成品检验费

C. 在库物资检验费　　　　　D. 质量评审费

E. 对测试设备评价费

(22) 预防成本一般包括( )。

A. 质量计划编制费　　　　　B. 工序控制费

C. 质量评审费　　　　　　　D. 质量信息费

E. 质量管理培训教育及实施费

(23) 间接质量成本一般包括( )。

A. 无形质量成本　　　　　　B. 供应商质量成本

C. 设备质量成本　　　　　　D. 使用质量成本

E. 信誉质量成本

(24) 计算质量成本的方法有( )。

A. 质量成本法　B. 生产成本法　C. 过程成本法　D. 财务成本法

E. 质量损失法

(25) 质量损失费可以是( )费用。

A. 有形损失　B. 无形损失　　C. 内部损失　　　D. 外部损失

E. 信誉损失

(26) 下述费用中属预防成本的有( )。

A. 质量评审费　B. 产品评审费　C. 工序检验费　D. 工序控制费

E. 质量信息费

(27) 下述费用中不属鉴定成本的有( )。

A. 诉讼费　　B. 降价费　　C. 质量评审费　　D. 返工费

E. 质量管理实施费
(28) 下述费用中属预防成本的有(　　)。
　　A. 质量评审费　B. 产品评审费　　C. 工序检验费　　D. 工序控制费
　　E. 质量信息费
(29) 顾客调查费用应计入(　　)
　　A. 鉴定成本　　B. 预防成本　　C. 内部故障成本　　D. 外部故障成本

(二) 名词解释
(1) 质量成本。　　(2) 内部故障成本。　　(3) 外部质量保证成本。

(三) 问答题
(1) 为什么质量损失成本是企业质量成本管理的重点？
(2) 做一份质量成本报告，体会一下企业的 CEO 对质量成本报告的兴趣点之所在，并考虑对质量成本报告格式和内容的改进。
(3) 举例说明应该怎样理解质量的经济性。
(4) 试述计算质量成本的方法。
(5) 简述质量成本的构成。
(6) 试述研究质量成本的意义。
(7) 企业常见的质量损失主要包括哪几个方面？
(8) 消费者发生的质量损失对企业将产生哪些主要影响。
(9) 分析企业标准对质量经济性的主要影响。
(10) 企业实施质量成本管理的关键要素是什么？如果您所在企业实施质量成本管理，请分析实施过程中的主要障碍及相应对策。
(11) 举例说明什么是质量成本及其主要表现形式。
(12) 举例分析为什么说质量是一个经济变量。
(13) 某企业实施质量成本管理，统计 2000 年度质量成本费用，质量培训费 20 万元，生产前预评审费用 10 万元，供应商评价费 10 万元，外购材料检验费 20 万元，返工返修检验费 5 万元，鉴定费 20 万元，顾客满意度调查费 10 万元，返工返修的费用 50 万元，内部质量审核费 2 万元，内部纠正措施费 5 万元，顾客退货损失 50 万元。

①该企业鉴定成本费用是(　　)。
　　A. 40 万元　　B. 50 万元　　C. 62 万元　　D. 52 万元
②该企业符合性成本费用为 (　　)。
　　A. 72 万元　　B. 40 万元　　C. 92 万元　　D. 55 万元
③该企业非符合性成本费用为(　　)。
　　A. 100 万元　　B. 130 万元　　C. 120 万元　　D. 110 万元
④若要反映该企业的质量管理水平，可采用(　　)。
　　A. 非符合性成本
　　B. 鉴定成本率
　　C. 质量成本与销售额的比例
　　D. 符合性与非符合性成本的比例

六、项目评价

学习与工作任务过程评价自评见表2-4。

表2-4 学习与工作任务过程评价自评

班级		姓名		学号		日期	年 月 日		
评价指标	评价要素				权重	等级评定			
						A	B	C	D
信息检索	能有效利用网络资源、工作手册查找有效信息				5%				
	能用自己的语言有条理地解释、表述所学知识				5%				
	能将查找到的信息有效转换到工作中				5%				
感知工作	熟悉你的工作岗位,认同工作价值				5%				
	在工作中,获得满足感				5%				
参与状态	与教师、同学之间相互尊重、理解、平等				5%				
	与教师、同学之间能够保持多向、丰富、适宜的信息交流				5%				
	探究学习、自主学习不流于形式,处理好合作学习和独立思考的关系,做到有效学习				5%				
	能提出有意义的问题或能发表个人见解;能按要求正确操作;能够倾听、协作分享				5%				
	积极参与,在学习与工作过程中不断学习,综合运用信息技术的能力提高很大				5%				
学习方法	工作计划、操作技能符合规范要求				5%				
	获得了进一步发展的能力				5%				
工作过程	遵守管理规程,操作过程符合现场管理要求				5%				
	平时上课的出勤情况和每天完成工作任务情况				5%				
	善于多角度思考问题,能主动发现、提出有价值的问题				5%				
思维状态	能发现问题、提出问题、分析问题、解决问题、创新问题				5%				
自评反馈	按时按质完成工作任务				5%				
	较好地掌握了专业知识点				5%				
	具有较强的信息分析能力和理解能力				5%				
	具有较为全面严谨的思维能力并能条理明晰表述成文				5%				
自评等级									
有益的经验和做法									
总结反思建议									
等级评定	A:很满意;B:比较满意;C:一般;D:有待提高								

学习与工作任务过程评价互评见表2-5。

表2-5　学习与工作任务过程评价互评

班级		姓名		学号		日期	年 月 日		
评价指标	评价要素				权重	等级评定			
						A	B	C	D
信息检索	能有效利用网络资源、工作手册查找有效信息				5%				
	能用自己的语言有条理地解释、表述所学知识				5%				
	能将查找到的信息有效转换到工作中				5%				
感知工作	熟悉自己的工作岗位，认同工作价值				5%				
	在工作中，获得满足感				5%				
参与状态	与教师、同学之间相互尊重、理解、平等				5%				
	与教师、同学之间能够保持多向、丰富、适宜的信息交流				5%				
	能处理好合作学习和独立思考的关系，做到有效学习				5%				
	能提出有意义的问题或能发表个人见解；能按要求正确操作；能够倾听、协作分享				10%				
	积极参与，在学习工作过程中不断学习，综合运用信息技术的能力提高很大				10%				
学习方法	工作计划、操作技能符合规范要求				5%				
	获得了进一步发展的能力				5%				
工作过程	遵守管理规程，操作过程符合现场管理要求				5%				
	平时上课的出勤情况和每天完成工作任务情况				5%				
	善于多角度思考问题，能主动发现、提出有价值的问题				5%				
思维状态	能发现问题、提出问题、分析问题、解决问题、创新问题				5%				
自评反馈	能严肃认真地对待自评，并能独立完成自测试题				10%				
互评等级									
简要评述									
等级评定	A：很满意；B：比较满意；C：一般；D：有待提高								

项目三

质量标准体系及认证

在社会化、专业化商品生产经济活动中，广大用户和消费者迫切需要生产和营销企业做到：不仅要保证其交付的商品能不断符合他们日益提高的质量要求，而且还要求他们具备始终保持商品质量稳定合格的能力。在社会生活活动中，也同样要求交通运输、邮电通信、旅馆餐厅、医疗、旅游部门乃至水、电、煤、消防、治安等各服务单位，保证其提供的各项服务能符合旅客的质量要求，能始终保持良好的服务质量。这样就产生了产品和服务质量国际标准化和质量管理国际标准化。

鉴于国际贸易发展的需要和标准实施中出现的问题，特别是服务业在世界经济中所占比重越来越大，ISO9000 质量标准体系在产品和服务的供需方面具有很强的实践性和指导性。

到目前为止，世界已有 70 多个国家将 ISO9000 质量标准体系直接或等同转为相应国家标准，有 100 多个国家建立质量体系认证/注册机构，形成了世界范围内的贯标和认证的"热"。全球已有上百万家工厂企业、政府机构、服务组织及其他各类组织导入 ISO9000 并获得第三方认证；在中国，截至 2020 年年底已有超过 139 万家单位通过 ISO9000 认证。

知识目标

1. 理解 ISO9000 质量管理体系基础和术语。
2. 熟悉 ISO9001 质量管理体系要求。
3. 了解合作企业 ISO9000 标准认证过程、质量体系结构、运行情况。
4. 了解质量管理手册、程序文件等体系文件编制要求。

能力目标

1. 能初步掌握 ISO9000 标准的应用要求。
2. 初步具备编制质量管理手册、程序文件的能力。
3. 能按 ISO9001 标准要求开展贯标、认证，建立质量管理体系的相关工作。

> **情感目标**
> 1. 培养学生良好的专业精神和标准意识。
> 2. 增强学生的工作能力和岗位管理理念。

一、典型案例

正泰集团重视质量管理损失80万元的启示

1993年12月,浙江正泰集团的一批产品出口到希腊。船期定好了,在临装箱前发现了一些并不太严重的质量问题,为此,他们坚决不让发货,全部重新开箱检验,导致误了船期,而交货日期在即。为了抢时间,改海运为空运,损失达80万元。正泰人却说:"我们的牌子和信誉不止值80万元。"正泰人视品牌、视质量为生命,视人品为生命中的生命。他们以自己的人格为力量,营造出一支"正泰"集团军。

为了确保产品质量,正泰集团不惜花巨资构筑质量系统工程,建立了完善的质量保证体系。这支阵容可观的质检队伍和技术先进的检测设备,使各项质量活动形成制度化、程序化。

1994年,在各企业普遍缺乏资金、不惜高利息借贷资金维持生产时,正泰毅然投入500万元,创办了具有国内一流水平的产品检测中心。1994年,正泰在全国低压电器行业中首批通过了ISO9000国际质量体系认证,同时还先后通过了美国UL认证、国际CB安全认证、荷兰KEMA认证、比利时CEBEC认证和芬兰FI认证等。

为了创"正泰"的质量名牌,他们不惜代价先后投入5 000万元,建立了技术开发中心和电器研究所,运用CAD、CAM计算机辅助设计系统进行高科技智能化电气产品的开发研制。"正泰"牌低压电器终于被社会认可:CJX2系列荣获布鲁塞尔尤里卡国际金奖;CJ系列被评为"浙江省名牌产品";DW17系列、CJ24系列、RT系列通过了1995年国家科委新产品鉴定。"正泰"产品已成为保险公司的"保险产品",并成为"重塑温州电器新形象"的带头羊。

交流讨论:质量是企业的生命,是企业赖以生存的基础。要用长期发展的眼光去抓质量,切忌质量管理的短期行为。尽管一次事故损失了80万元,但未来将会赢得更多的80万元!

二、任务布置

本项目通过ISO9000族标准的宣贯和建立质量管理体系有关知识学习,使学生了解建立质量管理体系的基本原则和要求,并与相关企业合作,对某电动工具有限公司质量管理体系结构和运行情况进行实地调查，了解该公司 ISO9000 标准认证过程、质量体系结构、运行情况，对照分析，以加深对标准的理解。将学生分成 5 个小组，分别负责按 GB/T 19001—2008 标准的第 1～8 章要求，通对开展各种教学活动，使学生达到能初步掌握 ISO9000 标准的应用；初步具备编制质量管理手册、程序文件的能力，使学生能按 ISO9001 标准要求开展贯标、认证，建立质量管理体系的相关工作，初步掌握企业质量管理体系建立的要求、步骤和方法。

三、相关知识

（一）标准化工作

标准是指为取得全面的最佳效果，依据科学技术和实践经验的综合成果，在充分协商的基础上，对经济、技术和管理等活动中具有多样性、相关性特征的重复事物和概念，以特定的程序和形式颁发的统一规定。

标准化则是在经济、技术、科学及管理等社会实践活动中，对重复性事物或概念，通过制定、发布和实施标准，获得最佳秩序和效益的活动过程。

标准是一种特殊的文件，标准化是一种活动。标准是标准化的产物，标准是标准化活动过程的成果，标准化是标准从制定→实施→修订→再实施的活动过程。

为此，《ISO/IEC 指南 2 标准化与相关活动的基本术语及其定义》对标准与标准化分别给予了科学的定义。"标准是由一个公认的机构制定和批准的文件。它对活动或活动的结果规定了规则、准则或特性值，供共同和反复使用，以实现在预定领域内最佳秩序和效益。""标准化是对实际与潜在的问题做出统一规定，供共同和反复使用，以在预定的领域内获取最佳秩序和效益的活动。"

实际上，标准化活动由制定、发布和实施标准所构成。标准化的重要意义在于改进产品过程和服务的适用性便于技术协作，消除贸易壁垒。产品和服务质量国际标准化就是由各国公认的国际组织对各类产品和各项服务制定统一的产品标准和服务规范，以有助于国际经济和服务贸易往来和交流合作。这项工作早在 20 世纪初期就已由国际标准化组织（ISO）和国际电工委员会（IEC）为主要代表的一些国际组织承担了，而质量管理的国际标准化则是 20 世纪 80 年代才由国际标准化组织（ISO）组织制定和完成。

质量管理和标准化都是现代的科学管理技术，都要按严格的客观规律和充分的科学依据办事。那么，它们之间是什么关系呢？有人说得好，它们是"一个事物的两个方面""一部自行车的前轮和后轮"，这无疑是完全正确的。在企业里，它们之间的具体关系是：企业标准化是质量管理的基础和前提，企业标准化贯穿于质量管理的始终，质量管理的开展使企业标准化更具有科学性，质量管理已成为标准化的一个重要领域，标准是质量体系文件的主要组成部分。

（二）ISO9000 质量管理体系

质量管理体系：在质量方面指挥和控制组织的管理体系。质量管理体系的内容应以满足质量目标的需要为准则。一个组织建立的质量管理体系以满足顾客的要求及公司内部管理而设计。

ISO 是一个组织的英语简称，其全称 International Organization for Standardization，翻译成中文就是"国际标准化组织"。ISO 是世界上最大的国际标准化组织，它成立于 1947 年 2 月 23 日，它的前身是 1928 年成立的"国际标准化协会国际联合会"（简称 ISA）。IEC 也比较大，IEC 即"国际电工委员会"，1906 年在英国伦敦成立，是世界上最早的国际标准化组织。IEC 主要负责电工、电子领域的标准化活动。而 ISO 负责除电工、电子领域之外的所有其他领域的标准化活动。

ISO 宣称它的宗旨是"在世界上促进标准化及其相关活动的发展，以便于商品和服务的国际交换，在智力、科学、技术和经济领域开展合作"。

ISO 现有 117 个成员，包括 117 个国家和地区。

ISO 的最高权力机构是每年一次的"全体大会"，其日常办事机构是中央秘书处，设在瑞士的日内瓦。中央秘书处现有 170 名职员，由秘书长领导。

ISO 质量管理体系：是国际标准化组织（ISO）制定的国际标准之一，在 1994 年提出的概念，是指"由 ISO/TC176（国际标准化组织质量管理和质量保证技术委员会）制定的所有国际标准"。该标准可帮助组织实施并有效运行质量管理体系，是质量管理体系通用的要求和指南。我国在 20 世纪 90 年代将 ISO9000 系列标准转化为国家标准，随后，各行业也将 ISO9000 系列标准转化为行业标准。图 3-1 所示为质量管理体系图标。

但是，"ISO9000"不是指一个标准，而是一族标准的统称。

图 3-1 质量管理体系图标

1994 年，ISO/TC 176 又系统地修订了 ISO8402、ISO9001～9004，进一步补充和完善了 ISO9000 系列标准。同时，ISO/TC 69 统计方法应用技术委员会也制定了一系列质量管理方面的统计技术方法标准。图 3-2 所示为 ISO9000 系列标准的基本框架。

图 3-3 所示为质量管理体系认证证书。

图 3-2　ISO9000 系列标准的基本框架

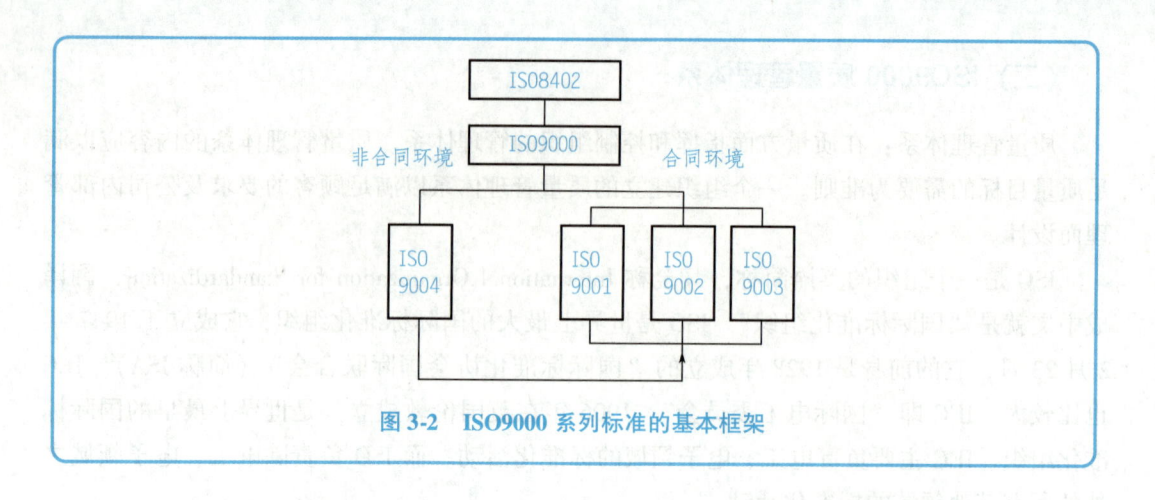

图 3-3　质量管理体系认证证书

（三）ISO9000 标准构成及其核心标准

ISO9000:2005《质量管理体系 基础和术语》标准表述了 ISO9000 族标准中质量管理体系的基础，确定了 84 个相关术语及其定义，标准明确提出了质量管理八项原则，强调八项质量管理原则是 ISO9000 族标准的基础。标准提出了以过程为基础的质量管理体系模式，鼓励采用过程方法管理组织，如图 3-4 所示。

图 3-4 以过程为基础的质量管理体系模式

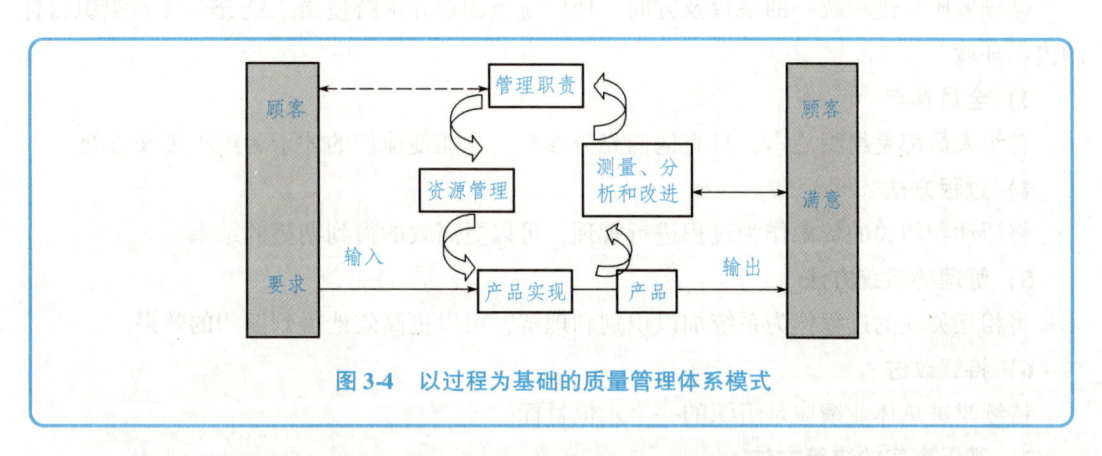

图 3-4 中在管理职责与顾客要求之间以及自测量、分析和改进与顾客满意之间存在一个双向虚线箭头，在管理职责与顾客要求之间以及在测量、分析和改进与顾客满意之间存在双向信息流，反映了组织在确定输入要求时顾客起着重要的作用，顾客要求作为产品实现过程的输入，组织通过产品实现过程，将该产品实现过程的输出（过程的结果即产品）提交给顾客，以增强顾客满意。顾客是否满意则需要组织通过监视、测量和分析来评价顾客关于组织是否满足其要求的感受的相关信息。从顾客要求到产品实现到顾客满意一连串的活动是增值活动。

1. 基础和术语

（1）顾客：接受产品的组织或个人。

示例：消费者、委托人、最终使用者、零售商、受益者和采购方。

（2）供方：提供产品的组织或个人。

示例：制造商、批发商、产品的零售商或商贩、服务或信息的提供方。

连接顾客和供方之间的纽带是产品。

（3）相关方：与组织的业绩或成就有利益关系的个人或团体。

示例：顾客、所有者、员工、供方、银行、工会、合作伙伴或社会。

2. ISO9000 的八项原则

1）以顾客为关注焦点

组织依存于顾客。因此，组织应当理解顾客当前和未来的需求，从而满足顾客要求并再争取超越顾客期望。因此，需要：

(1) 明确企业的顾客。
(2) 了解客户的需要和期望。
(3) 评价客户的需要和期望。
(4) 采取措施满足客户要求和期望。
(5) 超越客户期望。

2) 领导作用

领导者确立组织统一的宗旨及方向，他们应当创造并保持使员工能充分参与组织目标的内部环境。

3) 全员参与

各级人员都是组织之本，只有他们充分参与，才能使他们的才干为组织带来益处。

4) 过程方法

将活动和相关的资源作为过程进行管理，可以更高效的得到期望的结果。

5) 管理的系统方法

将相互关联的过程作为系统加以识别和理解，可以更高效地得到期望的效果。

6) 持续改进

持续改进总体业绩应是组织的一个永恒目标。

7) 基于事实的决策方法

有效决策是建立在数据和信息分析的基础上。

8) 与供方互利的关系

组织与供方是相互依存的，互利的关系增强双方创造价值的能力。

八项管理原则是相互关联、相互影响的，在ISO9000标准质量管理体系中发挥着重要作用。八项管理原则包含了ISO9000标准的管理理念、工作准则、工作方法等。

（四）质量认证

"认证"一词的英文原意是一种出具证明文件的行动。ISO/IEC 指南 2：1986 中对"认证"的定义是："由可以充分信任的第三方证实某一经鉴定的产品或服务符合特定标准或规范性文件的活动"。

举例来说，对第一方（供方或卖方）生产的产品甲，第二方（需方或买方）无法判定其品质是否合格，而由第三方来判定。第三方既要对第一方负责，又要对第二方负责，不偏不倚，出具的证明要能获得双方的信任，这样的活动就叫作"认证"。这就是说，第三方的认证活动必须公开、公正、公平，才能有效。这就要求第三方必须有绝对的权力和威信，必须独立于第一方和第二方之外，必须与第一方和第二方没有经济上的利害关系，或者有同等的利害关系，或者有维护双方权益的义务和责任，才能获得双方的充分信任。

那么，这个第三方的角色应该由谁来担当呢？显然，非国家或政府莫属。由国家或政府的机关直接担任这个角色，或者由国家或政府认可的组织去担任这个角色，这样的机关或组织就叫作"认证机构"。

（五）质量认证好处

（1）强化品质管理，提高企业效益；增强客户信心，扩大市场份额。

负责 ISO9000 品质体系认证的认证机构都是经过国家认可机构认可的权威机构，对企业的品质体系的审核是非常严格的。这样，对于企业内部来说，可按照经过严格审核的国际标准化的品质体系进行品质管理，真正达到法治化、科学化的要求，极大地提高工作效率和产品合格率，迅速提高企业的经济效益和社会效益。对于企业外部来说，当顾客得知供方按照国际标准实行管理，拿到了 ISO9000 品质体系认证证书，并且有认证机构的严格审核和定期监督，就可以确信该企业能够稳定地提供合格产品或服务，从而放心地与企业订立供销合同，扩大企业的市场占有率。可以说，在这两方面都收到了立竿见影的功效。

（2）获得了国际贸易绿卡——"通行证"，消除了国际贸易壁垒。

许多国家为了保护自身的利益，设置了种种贸易壁垒，包括关税壁垒和非关税壁垒。其中非关税壁垒主要是技术壁垒，技术壁垒中又主要是产品品质认证和 ISO9000 品质体系认证的壁垒。特别是在"世界贸易组织"内，各成员国之间相互排除了关税壁垒，只能设置技术壁垒，所以，获得认证是消除贸易壁垒的主要途径。我国"入世"以后，失去了区分国内贸易和国际贸易的严格界限，所有贸易都有可能遭遇上述技术壁垒，应该引起企业界的高度重视，及早防范。

（3）节省了第二方审核的精力和费用。

在现代贸易实践中，第二方审核早就成为惯例，又逐渐发现其存在很大的弊端：一个组织通常要为许多顾客供货，第二方审核无疑会给组织带来沉重的负担；另一方面，顾客也需支付相当的费用，同时还要考虑派出或雇佣人员的经验和水平问题，否则，花了费用也达不到预期的目的。唯有 ISO9000 认证可以排除这样的弊端。因为作为第一方申请了第三方的 ISO9000 认证并获得了认证证书以后，众多第二方就不必要再对第一方进行审核，这样，不管是对第一方还是对第二方都可以节省很多精力或费用。此外，如果企业在获得了 ISO9000 认证之后，再申请 UL、CE 等产品品质认证，还可以免除认证机构对企业的质量管理体系进行重复认证的开支。

（4）在产品品质竞争中永远立于不败之地。

国际贸易竞争的手段主要是价格竞争和品质竞争。由于低价销售的方法不仅使利润锐减，如果构成倾销，还会受到贸易制裁，因此，价格竞争的手段越来越不可取。20 世纪 70 年代以来，品质竞争已成为国际贸易竞争的主要手段，不少国家把提高进口商品的品质要求作为限入奖出的贸易保护主义的重要措施。实行 ISO9000 国际标准化的品质管理，可以稳定地提高产品品质，使企业在产品品质竞争中永远立于不败之地。

（5）有利于国际的经济合作和技术交流。

按照国际经济合作和技术交流的惯例，合作双方必须在产品（包括服务）品质方面有共同的语言、统一的认识和共守的规范，方能进行合作与交流。ISO9000 质量管理体系认证正好提供了这样的信任，有利于双方迅速达成协议。

(6) 强化企业内部管理，稳定经营运作，减少因员工辞工造成的技术或质量波动。

(7) 提高企业形象。

（六）ISO 质量体系实施的步骤

1. 聘请顾问

公司聘请一位精通 ISO9000 质量体系、同时又有一定相关知识经验的人士作为导入 ISO9000 质量体系的专业顾问，其作用是指导公司导入工作，协助建立管理文件化的质量体系，指导质量体系在本公司有效运行，培训员工。

2. 任命管理代表者

其职责是：负责组织并协调质量体系的建立、实施、维持和改进；检查和报告质量体系文件的编制、实施。其主要权限是：处理与质量体系运行有关的问题；任命内部质量审核组长。

3. 成立品质部

其主要作用是：在建立文件化质量体系阶段，负责编写本公司的质量体系文件；在运行阶段负责质量体系文件的发放、控制，运行质量的审核、控制、维持和改进；负责员工的培训和质量体系的对外联系工作及员工的绩效考评实施工作。

4. 抽调业务骨干送外培训

品质部员工除应接受 ISO9000 基本理论的培训外，还应接受如何编写本公司的质量体系文件的培训。

5. 建立文件化质量体系

文件化质量体系的建立主要是指公司 ISO9000 质量体系文件的编制工作。

6. 质量体系文件送交各部门审核

质量体系文件初步编制完成后，公司管理者代表应立即着手组织将文件送达各实施主要负责人手中，对文件规定的内容展开全面、自由无限制的论证。论证的内容为：是否适宜、是否全面、是否正确。

7. 内审员培训

品质部员工应当参加培训考试，合格后获取国家技术监督局办法的企业《注册内部质量审核员证书》。

8. 员工培训

对组织中从事产品质量检测工作的人员提供适当的培训，使其获得或保持从事该工作所需的能力。

9. 质量体系试运行

试运行的要求是：按文件要求作业，严禁随意操作；按文件要求记录，严禁弄虚作假；通过正常渠道向品质部反映问题，严禁诋毁文件。

10. 进行第一次内部质量审核

在质量体系试运行一段时间（一个月左右）后，管理者代表应安排公司品质部对质量体系的运行质量进行第一次内部审核。审核的目的主要是：评价质量体系试运行的质量；评价文件化质量体系本身的质量。

11. 修改质量体系文件

在质量体系试运行完毕后，管理者代表应当组织品质部对公司的质量体系进行全面的修改。修改的内容是：去掉不适宜的作业规程，增加遗漏的作业规程，修改不适宜性，和公司的运作实践相符合、完善周到、详细明了、严谨规范，具有很强的可检查性、可评价性。

12. 质量体系的运行与维持

品质部和各部门干部是ISO9000质量体系是否能得以有效推行的保障。品质部通过随时的抽检和定期的内审来纠正、预防推行中出现的问题。

13. 第二次内部质量审核

在质量体系运行两个月左右时，管理者代表应开始着手安排第二次内部质量审核。

14. 预审

当质量体系实际有效平稳地运行了一段时间（至少三个月以上）后，公司可以向ISO9000质量认证机构提请认证并预约好认证前的预审核。

15. 现场认证

预审通过后，公司应根据认证机构正式现场认证的时间来积极迎接现场认证。

16. 通过质量体系认证

如果现场认证获得通过，一般情况下经过认证机构对现场审核的批准后，公司将获得《ISO9000质量体系认证证书》。

17. 复检、质量体系的维持与改进

认证机构在公司通过认证后，每隔一段时间（一年左右）将对公司进行复审；以有效地维持质量体系的有效性。

四、能力训练

（1）将某一电器制造公司质量管理体系的建立作为实践案例进行模拟实施。

（2）同学分成五个小组，以该公司产品类型、规模和组织结构为模式，讨论和贯彻 ISO9000 的有关要求，模拟质量管理手册、相关程序文件、作业指导书的编制。加深对标准要求的理解，并在最后对相关文件及建立情况进行检查评价。

（3）以虚拟公司的名义按质量体系建立的四个阶段方法，将同学分成五个小组以该公司产品类型、规模和组织结构为模式，讨论和贯彻 ISO9001 的有关要求，模拟质量管理手册、相关程序文件、作业指导书的编制，加深对标准要求的理解，并在最后对相关文件及建立情况进行检查评估，虚拟认证。

五、应知应会

（一）单项选择题（每题的备选项中，只有一个最符合题意）

（1）公司内部使用的可能不属于文件控制的范畴的是（　　）。
　　A. 质量手册　　　　　　　　B. 程序文件
　　C. 作业指导书　　　　　　　D. 公司作息时间规定

（2）选择合格供货方的方法是（　　）。
　　A. 对其质量体系进行审核　　B. 对其样品进行认定
　　C. 对其过去的业绩进行评定　D. 可以是以上的任一种

（3）ISO9000 标准中要求必须编制的形成文件的程序是（　　）。
　　A. 管理评审程序　　　　　　B. 文件控制程序
　　C. 采购控制程序　　　　　　D. 培训控制程序

（4）与产品有关的要求应包括（　　）。
　　A. 顾客规定的要求　　　　　B. 有关法律法规规定的要求
　　C. 组织识别或附加的要求　　D. 以上内容均是

（5）质量管理体系评价的活动方式有（　　）。
　　A. 管理审评　　　　　　　　B. 内部审核
　　C. 自我评价　　　　　　　　D. 以上内容均是

（6）质量管理体系方法是（　　）原则应用于质量管理体系研究的结果。
　　A. 过程方法　　　　　　　　B. 管理的系统方法
　　C. 以顾客为关注焦点　　　　D. 基于事实的决策方法

（7）实施第三方质量管理体系审核，主要是为了（　　）。
　　A. 发现尽可能多的不符合项
　　B. 评估产品质量的符合性
　　C. 互利的供方关系
　　D. 证实组织的质量管理体系符合已确定的审核准则的程度要求

（8）下面属于 ISO9000 审核证据的是（　　）。
　　A. 陪同人员质检科长向审核员反映："供应科从非合格供方 A 处采购部件"

B. 供应科长承认从非合格供方 A 处采购部件

C. 因为在合格供方名录中找不到部件供应商 A，所以审核员认为供应科从非合格供方 A 处采购部件

D. 以上都是

（9）对供货方进行选择和评价的准则由（　　）制定。

A. 各部门经理　　　　　　B. 总公司最高管理者

C. 业务员　　　　　　　　D. 公司文件中规定的人员

（10）下列活动不一定需要进行记录的是（　　）。

A. 管理评审　　B. 采购　　C. 搬运、包装　　D. 内部质量审核

（二）判断题

（1）所有质量体系文件在发布前需要经过批准。（　　）

（2）管理评审是对内部质量审核的复查。（　　）

（3）管理者代表的职责就是副总经理的职责。（　　）

（4）内部沟通指上级与下级就管理体系的过程及有效性进行的沟通。（　　）

（5）所有质量记录需要规定保存期限。（　　）

（6）采购合同属于采购文件的一种。（　　）

（7）顾客满意和不满意的信息主要通过顾客投诉进行监控。（　　）

（三）简答题

（1）八项质量管理原则及其含义是什么？

（2）实施 ISO9000 对公司有什么意义？

六、项目评价

学习与工作任务过程评价自评见表3-1。

表 3-1 学习与工作任务过程评价自评

班级		姓名		学号		日期	年 月 日		
评价指标	评价要素				权重	等级评定			
						A	B	C	D
信息检索	能有效利用网络资源、工作手册查找有效信息				5%				
	能用自己的语言有条理地解释、表述所学知识				5%				
	能将查找到的信息有效转换到工作中				5%				
感知工作	熟悉你的工作岗位,认同工作价值				5%				
	在工作中,获得满足感				5%				
参与状态	与教师、同学之间相互尊重、理解、平等				5%				
	与教师、同学之间能够保持多向、丰富、适宜的信息交流				5%				
	探究学习、自主学习不流于形式,处理好合作学习和独立思考的关系,做到有效学习				5%				
	能提出有意义的问题或能发表个人见解;能按要求正确操作;能够倾听、协作分享				5%				
	积极参与,在学习与工作过程中不断学习,综合运用信息技术的能力提高很大				5%				
学习方法	工作计划、操作技能符合规范要求				5%				
	获得了进一步发展的能力				5%				
工作过程	遵守管理规程,操作过程符合现场管理要求				5%				
	平时上课的出勤情况和每天完成工作任务情况				5%				
	善于多角度思考问题,能主动发现、提出有价值的问题				5%				
思维状态	能发现问题、提出问题、分析问题、解决问题、创新问题				5%				
自评反馈	按时按质完成工作任务				5%				
	较好地掌握了专业知识点				5%				
	具有较强的信息分析能力和理解能力				5%				
	具有较为全面严谨的思维能力并能条理明晰表述成文				5%				
自评等级									
有益的经验和做法									
总结反思建议									
等级评定	A:很满意;B:比较满意;C:一般;D:有待提高								

学习与工作任务过程评价互评见表3-2。

表3-2　学习与工作任务过程评价互评

班级		姓名		学号		日期	年	月	日
评价指标	评价要素					权重	等级评定		
^	^					^	A	B	C	D
信息检索	能有效利用网络资源、工作手册查找有效信息					5%				
^	能用自己的语言有条理地解释、表述所学知识					5%				
^	能将查找到的信息有效转换到工作中					5%				
感知工作	熟悉自己的工作岗位,认同工作价值					5%				
^	在工作中,获得满足感					5%				
参与状态	与教师、同学之间相互尊重、理解、平等					5%				
^	与教师、同学之间能够保持多向、丰富、适宜的信息交流					5%				
^	能处理好合作学习和独立思考的关系,做到有效学习					5%				
^	能提出有意义的问题或能发表个人见解;能按要求正确操作;能够倾听、协作分享					10%				
^	积极参与,在学习工作过程中不断学习,综合运用信息技术的能力提高很大					10%				
学习方法	工作计划、操作技能符合规范要求					5%				
^	获得了进一步发展的能力					5%				
工作过程	遵守管理规程,操作过程符合现场管理要求					5%				
^	平时上课的出勤情况和每天完成工作任务情况					5%				
^	善于多角度思考问题,能主动发现、提出有价值的问题					5%				
思维状态	能发现问题、提出问题、分析问题、解决问题、创新问题					5%				
自评反馈	能严肃认真地对待自评并能独立完成自测试题					10%				
互评等级										
简要评述										
等级评定	A:很满意;B:比较满意;C:一般;D:有待提高									

项目四

6σ 质量管理

质量是企业生存和发展的第一要素，质量水平的高低反映了一个企业的综合实力。企业要想在激烈的市场竞争中求得生存与发展，就必须不断提升质量水平，运用先进的质量方法，创造"一流的质量"。

改革开放以来，我国的企业质量管理水平不断提高，产品、工程、服务质量明显提升，质量监管制度和体系也逐步完善，先后出台了《中华人民共和国产品质量法》《中华人民共和国食品安全法》等法律法规，制定了标准计量、检验检疫、认证认可制度。2012年国务院又发布《质量发展纲要》，用于指导全国今后三到五年的质量管理工作。与之同步的是，质量管理方法和工具的应用也逐步在我国开始实践和推广，从最初的全面质量管理（QC）小组活动到TQM、ISO9000、6σ（西格玛）、5S、卓越绩效模式、现场星级评价等先进质量理论与方法的全面引进和运用，质量管理活动在我国工业制造业、服务业立足、生根，取得了巨大的成果。

6σ质量管理是一种质量尺度和追求的目标，是一套科学的工具和管理方法，运用DMAIC（改善）的过程进行流程的设计和改善，是一种经营管理策略。6σ质量管理是在提高顾客满意程度的同时降低经营成本和周期的过程革新方法，它是通过提高组织核心过程的运行质量，进而提升企业盈利能力的管理方式，也是在新经济环境下企业获得竞争力和持续发展能力的经营策略。

知识目标

1. 了解先进管理方法的重要性。
2. 了解当前世界上先进质量管理的种类。

能力目标

1. 能对6σ质量管理方法进行灵活应用。
2. 会运用DMAIC模式进行评估。
3. 能设计因果图，分析品质原因。

> **情感目标**
> 1. 培养学生良好的先进质量管理意识和卓越精神。
> 2. 增强学生学习先进管理技术、方法的兴趣。

一、典型案例

设备制造商的6σ运作

一家电子设备制造商,总部位于加拿大多伦多,在全世界拥有30多家分公司,员工超过11 000名。在6σ质量管理实施前该工厂的状况是:由于设计研发周期过长,设计变更时常发生,该公司总是不能及时将产品推入市场;生产周期过长,延迟交货期,致使客户抱怨很多;而且由于产品故障率太高,导致售后服务和维修成本过高。为了确保高品质,就会产生检查、返工和废弃等损失。

改进策略:该公司希望通过6σ的改进运作,以减少设计变更的次数来降低研发周期,提高稳定因子,确保交货质量(PPM);通过6σ设计的产品使制造等后续工作减小缺陷概率和需改进的工作量,让质量管理进入良性循环,降低质量成本。

具体实施:该公司6σ的推进步骤如下:GAP顾问配合其管理高层确定6σ的开展计划和管理结构,选定改善项目,前期对全体员工进行宣导,然后对其管理高层进行6σ培训。在培训过程中,黑带项目(与企业目标一致的项目)也要同时选定和实施,最后是项目的审核和发表。

该公司的6σ运作是从建立6σ团队开始的。核心团队由研发部、质量部、技术部组成,其他部门(如市场、制造、财务、人力资源等)负责支持与协助。6σ负责人是由公司的副总裁担任,在6σ负责人之下,是6σ财务委员会、3个研发部和两个黑带项目团队。

具体项目过程如下:
(1) 选择问题变量(列出问题、确定因变量、问题的数量)。
(2) 对问题进行诊断(收集数据、作分析图、分析数据)。
(3) 提出影响问题的因素(头脑风暴法、结构树、排列图)。
(4) 确定影响问题的因素(实验设计、影响成本分析、验证)。
(5) 建立动作的界限(确定公差、最小成本/非线性分析)。
(6) 验证并进行改善。
(7) 过程控制(过程控制研究、统计过程控制、品质计划)。

交流讨论: 一个新的产品研发策略程序,加入了"6σ"的改善策略,采用了QFD(质量功能开展)、SPC(统计过程控制)、MSA(测量系统分析)、DOE(试验设计)等

6σ 工具，很好地控制了研发和生产过程中的关键因素，稳定因子很好地解放了隐藏的工厂。6σ 设计降低了产品的修改次数，研发周期大大缩短，不仅使产品及时投放市场，还降低了产品的开发成本。实施 6σ 后，KPI 的结果如下：研发周期缩短了 5 个星期；生产过程合格率提高到 65%；减少客户抱怨 75%。

二、任务布置

为帮助某企业科学管理、节约成本、提高效率、加强品质，把学生分成四组，分别对某汽车零件加工企业的设计开发、生产过程、质量监控、评价反馈等阶段进行设计，形成可行性报告、生产流程图设计、质量监控表、评价反馈表等材料。

三、相关知识

（一）什么是 6σ

6σ 是阿拉伯数字 6 加上希腊字母 σ（西格玛）。σ 本来是一个反映数据特征的希腊字母，表示数据的标准差。现在，σ 不仅仅是单纯的标准差含义，而被赋予了新的内容，即成为一种过程质量的衡量标准。

可以从以下几个方面来说明 6σ 的含义：

（1）它是一种衡量的标准。

从统计意义上讲，一个过程具有 6σ（西格玛）能力意味着过程平均值与其规定的规格上下限之间的距离为 6 倍标准差，此时过程波动减小，每 100 万次操作仅有 3.4 次落在规格上下限以外，即 6σ 水平意味着差错率仅为百万分之三点四（即 3.4 ppm）。

因此，它首先是一种度量的标准，可以通过样本的散布情况来衡量系统的稳定性。6σ 的数量越多，产品合格率越高，产品间的一致性越好或产品的适应环境的能力越强，产品（服务）的质量就越好。

（2）6σ 是一个标杆。

管理学上有一种设定目标的方法就是"标杆法"，将你的目标设定在你所要超越的对象上，将领先者的水平作为超越的"标杆"。6σ 也是一个标杆，它的目标就是"零缺陷"（差错率为百万分之三点四）。进行 6σ 质量管理就是要以这个目标作为追赶和超越的对象。

（3）6σ 是一种方法："一种基于事实和数据的分析改进方法，其目的是提高企业的收益"。

这个方法的最大特点就是一切基于事实，一切用数据说话。不论是说明差错的程度，还是分析原因，以及检验改进措施的成效，都要用事实和数据说话，而不是基于主观上的想象。

(4) 6σ 是一个工具系统。

需要说明的是，6σ 本身并没有独创出什么新的工具或方法，但在 6σ 的框架下，几乎包括了所有的统计和质量管理方法。如 SPC、QCC 活动的工具（因果图、排列图、直方图、散布图、调查表、分层图、控制图）、FMEA、FTA、QFD、DOE 等。当然，前面说了，6σ 质量管理强调的是基于事实、基于数据的分析和改进，工具只对这些工作起到辅助作用。强调工具的应用是 6σ 的特色，但应该明白工具并不是包治百病的灵丹妙药。

（二）6σ 质量管理

6σ 作为质量管理概念，最早由摩托罗拉公司的比尔·史密斯于 1986 年提出，其目的是设计一个目标：在生产过程中降低产品及流程的缺陷次数，防止产品变更，提升品质。

6σ 真正流行并发展起来，是在通用电气公司的实践，即 20 世纪 90 年代发展起来的 6σ 质量管理是在总结了全面质量管理的成功经验基础上，提炼了其中流程管理技巧的精华和最行之有效的方法，成为一种提高企业业绩与竞争力的管理模式。在摩托罗拉、通用电气、戴尔、惠普、西门子、索尼、东芝等众多跨国企业的实践证明该管理法是卓有成效的。因此，国内一些部门和机构在国内企业大力推展 6σ 质量管理工作，引导企业开展 6σ 质量管理。

对于任何企业来说，过程变更都是他们最大的敌人，因为过多的过程变更会导致产品和服务无法满足客户的要求，为企业带来损失。6σ 质量管理可以为企业提供战略方法和相应的工具，通过严谨、系统化及以数据为依据的解决方案和方法，消除包括从生产到销售、从产品到服务所有过程中的缺陷，从而改善企业的利润。

总之，我们可以把 6σ 质量管理定义为：获得和保持企业在经营上的成功并将其经营业绩最大化的综合管理体系和发展战略。它是使企业获得快速增长的经营方式，是寻求同时增加顾客满意和企业经济增长的经营战略途径，是使企业获得快速增长和竞争力的经营方式。它不是单纯技术方法的引用，而是全新的管理模式。

在引入了 6σ 这个概念以后，不同的企业、工厂、流程、服务的质量与管理水平之间就都可以进行量化的比较。

（三）6σ 质量管理实施程序

1. 辨别核心流程和关键顾客

随着企业规模的扩大，顾客细分日益加剧，产品和服务呈现出多标准化，人们对实际工作流程的了解越来越模糊。获得对现有流程的清晰认识，是实施 6σ 质量管理的第一步。

（1）辨别核心流程。核心流程是对创造顾客价值最为重要的部门或者作业环节，如吸引顾客、订货管理、装货、顾客服务与支持、开发新产品或者新服务、开票收款流程等，它们直接关系顾客的满意程度。与此相对应，诸如融资、预算、人力资源管理、信息系统等流程属于辅助流程，对核心流程起支持作用，它们与提高顾客满意度是一种间接的关系。不同的企业，核心流程各不相同，回答下列问题，有助于确定核心流程：

①企业通过哪些主要活动向顾客提供产品和服务？

②怎样确切地对这些流程进行界定或命名？

③用来评价这些流程绩效或性能的主要输出结果是什么？

（2）界定业务流程的关键输出物和顾客对象。在这一过程中，应尽可能避免将太多的项目和工作成果堆到"输出物"栏目下，以免掩盖主要内容，抓不住工作重点。对于关键顾客，并不一定是企业外部顾客，对于某一流程来说，其关键顾客可能是下一个流程，如产品开发流程的关键顾客是生产流程。

（3）绘制核心流程图。在辨明核心流程的主要活动的基础上，将核心流程的主要活动绘制成流程图，使整个流程一目了然。

2. 定义顾客需求

（1）收集顾客数据，制定顾客反馈战略。缺乏对顾客需求的清晰了解，是无法成功实施 6σ 质量管理的。即使是内部的辅助部门，如人力资源部，也必须清楚了解其内部顾客——企业员工的需求状况。建立顾客反馈系统的关键在于：

①将顾客反馈系统视为一个持续进行的活动，看作是长期应优先处理的事情或中心工作。

②听取不同顾客的不同反映，不能以偏概全，由几个印象特别深刻的特殊案例而形成片面的看法。

③除市场调查、访谈、正式化的投诉系统等常规的顾客反馈方法之外，积极采用新的顾客反馈方法，如顾客评分卡、数据库分析、顾客审计等。

④掌握顾客需求的发展变化趋势。

⑤对于已经收集到的顾客需求信息，要进行深入的总结和分析，并传达给相应的高层管理者。

（2）制定绩效指标及需求说明。顾客的需求包括产品需求、服务需求或是两者的综合。对不同的需求，应分别制定绩效指标，如在包装食品订货流程中，服务需求主要包括界面友好的订货程序、装运完成后的预通知服务、顾客收货后满意程度监测等，产品需求主要包括按照时间要求发货、采用规定的运输工具运输、确保产品完整等。一份需求说明是对某一流程中产品和服务绩效标准简洁而全面的描述。

（3）分析顾客各种不同的需求并对其进行排序。确认哪些是顾客的基本需求，这些需求必须予以满足，否则顾客绝对不会产生满意感；哪些是顾客的可变需求，在这类需求上做得越好，顾客的评价等级就越高；哪些是顾客的潜在需求，如果产品或服务的某些特征超出了顾客的期望值，则顾客会处于喜出望外的状态。

3. 针对顾客需求评估当前行为绩效

如果公司拥有雄厚的资源，可以对所有的核心流程进行绩效评估。如果公司的资源相对有限，则应该从某一个或几个核心流程入手开展绩效评估活动。评估步骤如下：

（1）选择评估指标。标准有两条：

①这些评估指标具有可得性，数据可以取得。

②这些评估指标是有价值的，为顾客所关心。

（2）对评估指标进行可操作性的界定，以避免产生误解。

（3）确定评估指标的资料来源。

（4）准备收集资料。对于需要通过抽样调查来进行绩效评估的，需要制定样本抽取方案。

（5）实施绩效评估并检测评估结果的准确性，确认其是否有价值。

（6）通过对评估结果所反映出来的误差，如次品率、次品成本等进行数量和原因方面的分析，识别可能的改进机会。

4. 辨别优先次序，实施流程改进

对需要改进的流程进行区分，找到高潜力的改进机会，优先对其实施改进。如果不确定优先次序，企业多方面出手，就可能分散精力，影响 6σ 质量管理的实施效果。业务流程改进遵循五步循环改进法，即 DMAIC 模式：

（1）定义（Define）。定义阶段主要是明确问题、目标和流程，需要回答以下问题：应该重点关注哪些问题或机会？应该达到什么结果？何时达到这一结果？正在调查的是什么流程？它主要服务和影响哪些顾客？

（2）测量（Measure）。找出关键评量，为流程中的瑕疵建立衡量基本步骤。人员必须接受基础概率与统计学的训练及学习统计分析软件与测量分析课程。为了不造成员工的沉重负担，一般让具备 6σ 实际推行经验的人带着新手一同接受训练，帮助新手克服困难。对于复杂的演算问题，可借助自动计算工具，减少复杂计算所需的时间。

（3）分析（Analyze）。通过采用逻辑分析法、观察法、访谈法等方法，对已评估出来的导致问题产生的原因进行进一步分析，确认它们之间是否存在因果关系。

（4）改进（Improve）。拟订几个可供选择的改进方案，通过讨论并多方面征求意见，从中挑选出最理想的改进方案付诸实施。实施 6σ 改进，可以是对原有流程进行局部的改进；在原有流程问题较多或惰性较大的情况下，也可以重新进行流程再设计，推出新的业务流程。

（5）控制（Control）。根据改进方案中预先确定的控制标准，在改进过程中，及时解决出现的各种问题，使改进过程不至于偏离预先确定的轨道，发生较大的失误。

5. 扩展、整合 6σ 质量管理系统

当某一 6σ 质量管理改进方案实现了减少缺陷的目标之后，如何巩固并扩大这一胜利成果就变得至关重要了。

（1）提供连续的评估以支持改进。在企业内广泛宣传推广该改进方案，以取得企业管理层和员工的广泛认同，减少进一步改进的阻力；将改进方案落实到通俗易懂的文本资料上，以便于执行；实行连续的评估，让企业管理层和员工从评估结果中获得鼓舞和信心；

49

任何改进方案都可能存在着需要进一步改进之处，对可能出现的问题，应提前制订应对的策略，并做好进一步改进的准备。

（2）定义流程负责人及其相应的管理责任。采用了 6σ 质量管理方法，就意味着打破了原有部门职能的交叉障碍。为确保各个业务流程的高效、畅通，有必要指定流程负责人，并明确其管理责任，包括：维持流程文件记录、评估和监控流程绩效、确认流程可能存在的问题和机遇、启动和支持新的流程改进方案等。

（3）实施闭环管理，不断向 6σ 绩效水平推进。6σ 改进是一个反复提高的过程，五步循环改进法在实践过程中也需要反复使用，形成一个良性发展的闭环系统，不断提高品质管理水平，降低缺陷率。此外，从部分核心环节开始实施的 6σ 质量管理，也有一个由点到面逐步推开改进成果、扩大改进范围的过程。

（四）6σ 质量管理优势

1. 提升企业管理能力

6σ 质量管理以数据和事实为驱动器。过去，企业对管理的理解和对管理理论的认识更多停留在口头上和书面上，而 6σ 把这一切都转化为实际有效的行动。6σ 质量管理成为追求完美无瑕的管理方式的同义语。6σ 质量管理的实施已经成为"介绍和承诺高品质创新产品的必要战略和标志之一"。6σ 质量管理给予了摩托罗拉公司更多的动力去追求当时看上去几乎是不可能实现的目标。20 世纪 80 年代早期公司的品质目标是每 5 年改进 10 倍，实施 6σ 质量管理后改为每 2 年改进 10 倍，创造了 4 年改进 100 倍的奇迹。对国外成功经验的统计显示：如果企业全力实施 6σ 革新，每年可提高一个 σ 水平，直到达到 4.7σ，无须大的资本投入。这期间，利润率的提高十分显著。而当达到 4.8σ 以后，若要再提高，则需要对过程重新设计，资本投入增加，但此时产品、服务的竞争力提高，市场占有率也相应提高。

2. 节约企业运营成本

对于企业而言，所有的不良品要么被废弃，要么被重新返工，要么在客户现场被维修、调换，这些都需要花费企业成本。美国的统计资料表明，一个执行 6σ 质量管理标准的公司直接与质量问题有关的成本占其销售收入的 10% ~ 15%。从实施 6σ 质量管理的 1987—1997 年的 10 年间，摩托罗拉公司由于实施 6σ 质量管理节省下来的成本累计已达 140 亿美元。6σ 质量管理的实施，使霍尼韦尔公司 1999 年一年就节约成本 6 亿美元。

3. 增加顾客价值

实施 6σ 质量管理可以使企业从了解并满足顾客需求到实现最大利润之间的各个环节实现良性循环：公司首先了解、掌握顾客的需求，然后通过采用 6σ 质量管理原则减少随意性和降低差错率，从而提高顾客满意程度。通用电气的医疗设备部门在实施 6σ 质量管理之后创造了一种新的技术，带来了医疗检测技术革命。以往病人需要 3 min 做一次全身检查，现在却只需要 1 min 了。医院也因此而提高了设备的利用率，降低了检查成本。这样，出现了令公司、医院、病人三方面都满意的结果。

4. 改进服务水平

由于 6σ 质量管理不但可以改善产品品质，而且可以改善服务流程，因此，对顾客服务的水平也得以大大提高。通用电气照明部门的一个 6σ 质量管理小组成功地改善了同其最大客户沃尔玛的支付关系，使得票据错误和双方争执减少了 98%，既加快了支付速度，又融洽了双方互利互惠的合作关系。

5. 形成积极向上的企业文化

在传统管理方式下，人们经常感到不知所措，不知道自己的目标，工作处于一种被动状态。通过实施 6σ 质量管理，每个人知道自己应该做成什么样，应该怎么做，整个企业洋溢着热情和效率。员工十分重视质量以及顾客的要求，并力求做到最好，通过参加培训，掌握标准化、规范化的问题解决方法，工作效率得到明显提高。在强大的管理支持下，员工能够专心致力于工作，减少并消除工作中消防救火式的活动。

（五）产品质量先期策划和控制——APQP

产品质量先期策划和控制，是 QS9000/TS16949 质量管理体系的一部分，是一种结构化的方法，用来确定和制定确保某产品使顾客满意所需的步骤，是一种要求所有的系统、子系统和工程、制造、供应等组成部分共同参与的团队方法，并且是国内企业常用的一种质量管理方法，涵盖了从产品的概念设计、设计开发、过程开发、试生产到生产，以及全过程中的信息反馈、纠正措施和持续改进活动。APQP 目标是促进与所涉及的每一个人的联系，以确保所要求的步骤按时完成。

APQP 的目的是制订计划，引导资源，使顾客满意，促进对可能更改的早期识别，避免晚期更改，以最低的成本及时提供优质产品并及时完成关键任务。按时通过生产件批准，持续地满足顾客的规范，持续改进。

APQP 的特点是每一个产品质量计划是独立的。实际的进度和执行次序依赖于顾客的需要和期望和/或其他的实际情况而定。实际工作、工具和/或分析技术能在产品质量策划循环中越早实施越好。

APQP 实施程序如下：

1. 组织小组

产品质量策划中供方的第一步是确定横向职能小组职责，有效的产品质量策划不仅需要质量部门的参与。适当时，初始小组可包括工程、制造、材料控制、采购、质量、销售、现场服务、分承包和顾客方面的代表。

2. 确定范围

在产品项目的最早阶段，对产品质量策划小组长而言，重要的是识别顾客需要、期望和要求。小组长必须召开会议，至少：

（1）确定每一代表方的角色和职责。

（2）确定顾客——内部和外部。

（3）确定顾客的要求。

（4）确定小组职能及小组成员，哪些个人或分包方应被加入到小组，哪些不需要。

（5）理解顾客的期望，如：设计、试验次数。

（6）对所提出来的设计、性能要求和制造过程评定其可行性。

（7）确定成本、进度和必须考虑的限制条件。

（8）确定所需的来自于顾客的帮助。

（9）确定文件化过程或方法。

会议结束后，应该形成可行性计划，参考附录4-1。

3. 小组间的联系

产品质量策划小组应建立和其他顾客与供方小组的联系渠道，这可以包括与其他小组举行定期会议。小组与小组的联系程度取决于需要解决的问题的数量。

4. 培训

产品质量计划的成功依赖于有效的培训，它传授所有满足顾客需要和期望的要求及开发技能。

5. 顾客和供方的参与

主要顾客可与其供方共同进行质量策划。但供方有义务建立横向职能小组来管理产品质量策划过程。供方应同样要求其分承包方。

6. 同步工程

同步工程是横向职能小组为一共同目的而进行努力的程序，它将替代逐级转换的工程技术实施过程的各个阶段，其目的是尽早促进优质产品的引入，产品质量策划小组要确保其他领域/小组的计划和执行活动支持共同目标。

7. 控制计划

控制计划是控制零件和过程系统的书面描述。单独的控制计划包括三个独立阶段：

（1）样件——在样件制造过程中，对尺寸测量和材料与性能试验的描述。

（2）试生产——在样件试制之后，全面生产之前所进行的尺寸测量和材料与性能试验的描述。

（3）生产——在大批量生产中，将提供产品/过程特性、过程控制、试验和测量系统的综合文件。

8. 问题的解决

在策划过程中，小组将遇到些产品设计和/或加工过程的问题，这些问题可用表示规定职责和时间进度的矩阵表形成文件。在困难的情况下，建议使用多方论证的解决方法。

不同类型的过程对变差的控制和减少既是一种挑战，也是一种机遇。过程类型可以和其变差的最变通的原因或决定产品质量的主导因素有关。有许多有效的方法来进行过程分析，由供方来决定过程分析的最佳方法。以下为方法示例：失效树分析、试验设计。

因果图如图 4-1 所示。

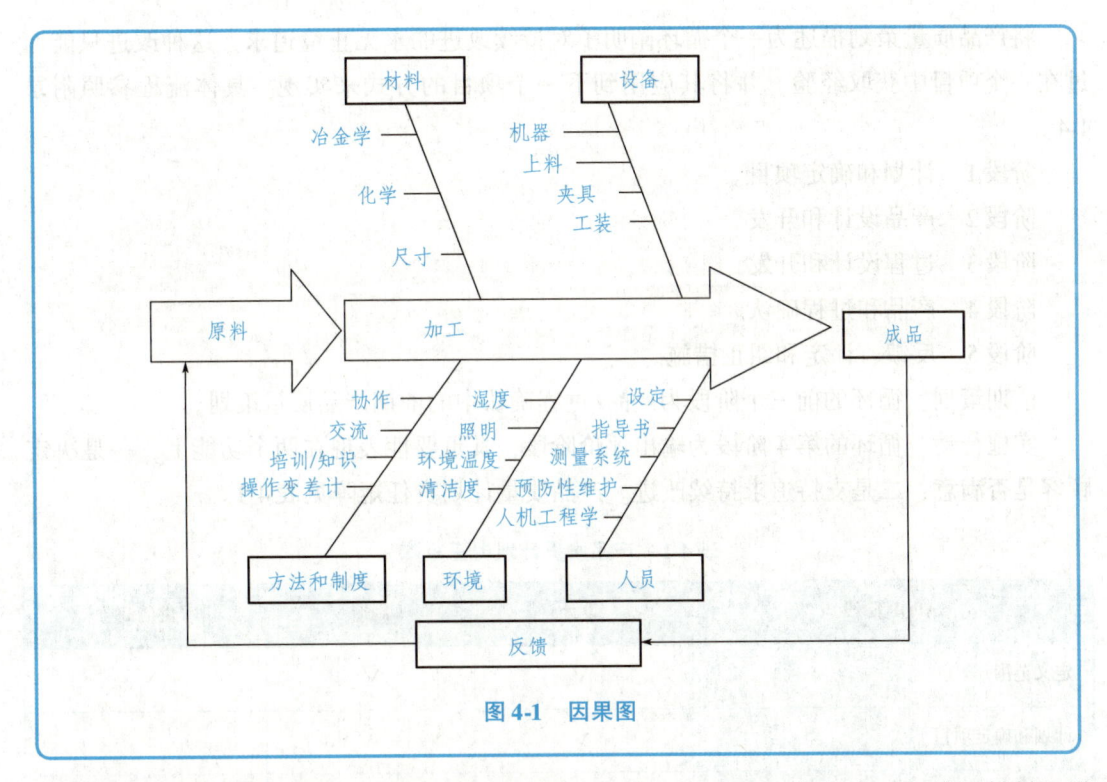

图 4-1 因果图

图 4-1 将过程类型组织为原因和后果模型，其中第一级的分类为：人员、材料、设备、方法、制度和环境。成功地开发一个有效利用成本的过程的关键是识别变差源和适当的控制方法。

9. 产品质量的进度计划

产品质量策划小组在完成组织活动后的第一项工作是制订进度计划。在选择需做计划并绘制成图的进度要素时，应考虑产品的类型、复杂性和顾客的期望。所有的小组成员都应在每一事项、措施和进度上取得一致意见。一个组织良好的进度图表应列出任务、安排和/或其他事项。同时，图中还对策划小组提供了跟踪进展和制定会议日程的表格。为了便于报告状况，每一事项应具备"起始"和"完成"日期，并记录进展的实际点。有效的状况报告使监控焦点集中于要求特别注意的项目，以起到支持项目监测的作用。具体设计可以参考附录 4-2、附录 4-3。

10. 与进度图表有关的计划

任何项目的成功都有赖于以及时和价有所值的方式满足顾客的需要和期望。下面所示的产品质量策划进度图表和前面已描述的产品质量策划循环要求策划小组尽其全力预防缺陷。缺陷产品和制造工程同步进行的同步工程来推进。策划小组应准备修改产品质量计划以满足顾客的期望。产品质量策划小组有责任确保其进度符合或提前于顾客进度计划。

11. APQP 阶段

将产品质量策划描述为一个循环阐明了对持续改进的永无止境追求，这种改进只能通过在一个项目中获取经验，并将其应用到下一个项目的方式来实现。具体流程参照附录 4-4。

阶段 1　计划和确定项目。
阶段 2　产品设计和开发。
阶段 3　过程设计和开发。
阶段 4　产品和过程确认。
阶段 5　反馈、评定和纠正措施。

前期策划：循环的前三个阶段为产品/过程确认中的前期产品质量策划。

实施行动：循环的第 4 阶段为输出评价阶段，其重要性表现在两个功能上，一是决定顾客是否满意；二是支持追求持续改进。产品质量计划责任矩阵见表 4-1。

表 4-1　产品质量计划责任矩阵

APQP 阶段	设计	制造	供应商
定义范围	√	√	√
计划和确定项目	√		
产品设计和开发	√		
可行性	√	√	√
过程设计和开发	√	√	√
产品和过程确认	√	√	√
反馈、评定和纠正措施	√	√	√
控制计划方法论	√	√	√

APQP 阶段 1：计划和确定项目，建议项目见表 4-2。

表 4-2　阶段 1 建议项目

输　入	输　出
顾客的呼声	设计目标
业务计划/营销策略	可靠性和质量目标
产品/过程指标	初始材料清单
产品/过程设想	初始过程流程图
产品可靠性研究	产品和过程特殊性的初始清单
顾客输入	产品保证计划
服务	初始过程流程图

APQP 阶段 2：产品设计和开发，建议项目见表 4-3。

表 4-3　阶段 2 建议项目

输　入	输　出
设计目标	设计责任部门的输出
可靠性和质量目标	产品质量策划小组的输出
初始材料清单	—
初始过程流程图	—
特殊产品和过程特性的初始清单	—
产品保证计划	—
管理者支持	—

APQP 阶段 3：过程设计和开发，设计责任部门建议项目见表 4-4，产品质量策划小组建议项目见表 4-5。

表 4-4　阶段 3 设计责任部门建议项目

设计责任部门输入	设计责任部门输出
DFMEA（设计失效模式和后果分析）	包装标准
可制造性和装配的设计	产品/过程质量体系评审
设计验证	过程流程图
设计评审	场地平面布置图
样件制造—控制计划	特性矩阵图
工程图样	PFMEA（过程失效模式及后果分析）
材料规范	试生产控制计划

表 4-5　阶段 3 产品质量策划小组建议项目

产品质量策划小组输入	产品质量策划小组输出
新设备、工装和设施要求	测量系统分析计划
特殊产品和过程特性	初始过程能力研究计划
样件控制计划	包装规范
量具/试验装置的要求	管理者支持
DFMEA 的更新	其他的输出
小组可行性承诺和管理者支持	更新的设备、工装、设施的清单

阶段 4：产品和过程确认，建议项目见表 4-6。

表 4-6　阶段 4 建议项目

输　入	输　出
包装标准	试生产
产品/过程质量体系评审	测量系统评价
过程流程图	初始过程能力研究
车间平面布置图	生产件批准
特性矩阵图	生产确认试验
PFMEA	包装评价
试生产控制计划	生产控制计划
过程指导书	质量策划认定和管理者支持

阶段 5：反馈、评定和纠正措施见表 4-7。

表 4-7　反馈、评定和纠正措施

输　入	输　出
试生产	减少变差
测量系统评价	顾客满意
初始过程能力研究	交付和服务
生产件批准	—
生产确认试验	—
包装评价	—
生产控制计划	—
质量策划认定和管理者支持	—

四、能力训练

（1）理解 6σ 质量管理系统，参考附录 4-4 画出生产流程图。

（2）若某种零件出现了尺寸偏差较大问题，请设计因果图并分析原因。

五、应知应会

（一）单选题

（1）APQP 是指（　　）。
　　A. 6σ 质量管理方法　　　　　　B. 产品质量先期策划和控制
　　C. 全面质量管理　　　　　　　　D. 人机料环法

（2）企业提高质量的最终目的是（　　）。
　　A. 提高信誉　　B. 节约成本　　C. 提高价格　　D. 增加盈利

（二）多选题

（1）APQP 的单独控制计划包括哪三个独立阶段？（　　）
　　A. 样件　　　B. 顾客满意度　　C. 试生产　　　D. 生产

（2）现代企业对变差的控制和减少，使用的方法有（　　）。
　　A. 失效树分析　　B. 试验设计　　C. 因果图　　　D. 忽略法

（三）简答题

（1）什么是质量管理体系？

（2）什么是产品质量先期策划和控制？

六、项目评价

学习与工作任务过程评价自评见表4-8。

表4-8 学习与工作任务过程评价自评

班级		姓名		学号		日期		年　月　日	
评价指标	评价要素				权重	等级评定			
						A	B	C	D
信息检索	能有效利用网络资源、工作手册查找有效信息				5%				
	能用自己的语言有条理地解释、表述所学知识				5%				
	能将查找到的信息有效转换到工作中				5%				
感知工作	熟悉你的工作岗位,认同工作价值				5%				
	在工作中,获得满足感				5%				
参与状态	与教师、同学之间相互尊重、理解、平等				5%				
	与教师、同学之间能够保持多向、丰富、适宜的信息交流				5%				
	探究学习、自主学习不流于形式,处理好合作学习和独立思考的关系,做到有效学习				5%				
	能提出有意义的问题或能发表个人见解;能按要求正确操作;能够倾听、协作分享				5%				
	积极参与,在学习与工作过程中不断学习,综合运用信息技术的能力提高很大				5%				
学习方法	工作计划、操作技能符合规范要求				5%				
	获得了进一步发展的能力				5%				
工作过程	遵守管理规程,操作过程符合现场管理要求				5%				
	平时上课的出勤情况和每天完成工作任务情况				5%				
	善于多角度思考问题,能主动发现、提出有价值的问题				5%				
思维状态	能发现问题、提出问题、分析问题、解决问题、创新问题				5%				
自评反馈	按时按质完成工作任务				5%				
	较好地掌握了专业知识点				5%				
	具有较强的信息分析能力和理解能力				5%				
	具有较为全面严谨的思维能力并能条理明晰表述成文				5%				
自评等级									
有益的经验和做法									
总结反思建议									
等级评定	A:很满意;B:比较满意;C:一般;D:有待提高								

学习与工作任务过程评价互评见表4-9。

表4-9 学习与工作任务过程评价互评

班级		姓名		学号		日期	年	月	日
评价指标	评价要素				权重	等级评定			
						A	B	C	D
信息检索	能有效利用网络资源、工作手册查找有效信息				5%				
	能用自己的语言有条理地解释、表述所学知识				5%				
	能将查找到的信息有效转换到工作中				5%				
感知工作	熟悉自己的工作岗位,认同工作价值				5%				
	在工作中,获得满足感				5%				
参与状态	与教师、同学之间相互尊重、理解、平等				5%				
	与教师、同学之间能够保持多向、丰富、适宜的信息交流				5%				
	能处理好合作学习和独立思考的关系,做到有效学习				5%				
	能提出有意义的问题或能发表个人见解;能按要求正确操作;能够倾听、协作分享				10%				
	积极参与,在学习工作过程中不断学习,综合运用信息技术的能力提高很大				10%				
学习方法	工作计划、操作技能符合规范要求				5%				
	获得了进一步发展的能力				5%				
工作过程	遵守管理规程,操作过程符合现场管理要求				5%				
	平时上课的出勤情况和每天完成工作任务情况				5%				
	善于多角度思考问题,能主动发现、提出有价值的问题				5%				
思维状态	能发现问题、提出问题、分析问题、解决问题、创新问题				5%				
自评反馈	能严肃认真地对待自评,并能独立完成自测试题				10%				
互评等级									
简要评述									
等级评定	A:很满意;B:比较满意;C:一般;D:有待提高								

附录 4-1　小组可行性承诺

顾客：_____　　　　　日期：_____

零件编号：_____　　　　　零件名称：_____

对可行性的考虑

产品质量策划小组并不打算在进行可行性评价时面面俱到，但已考虑了以下问题。所提供的图样和/或规范已被用来作为分析满足所有规定要求能力的基础。对于所有否定答案都要有识别所关注事项和/或所提出更改，以满足特定要求的附加规定。

是	否	问　题
		产品是否被完全定义（使用要求等）以便能进行可行性分析
		工程性能规范是否符合书面要求
		产品能按图样规定的公差生产吗
		产品能用符合要求的 C_{pk} 值生产吗
		有足够的生产能力生产产品吗
		设计院上允许使用高效的材料搬运技术吗
		以下几方面情况不发生异常时，产品是否能正常生产
		·主要设备成本
		·工装成本
		·替代的制造方法
		是否对产品要求统计过程控制
		统计过程控制当前是否用在类似的产品上
		如果统计过程控制用在类似的产品上：
		·过程是否处于受控和稳定状态中
		·C_{pk} 值是否大于 1.33
	C_{pk} 是"Process Capability Index"的缩写。C_{pk} 的中文定义为：制程能力指数，是现代企业用于表示制程能力的指标，即某个工程或制程水准的量化反应，也是工程评估的一类指标。

结论

	可行	产品可按规定不做修改而生产。
	可行	建议做出更改（见附件）。
	不可行	需要更改设计以生产出符合规定要求的产品。

认定

小组成员/职务/日期　　　　　　　　　　　　小组成员/职务/日期

_____　　　　　　　　_____

小组成员/职务/日期　　　　　　　　　　　　小组成员/职务/日期

_____　　　　　　　　_____

小组成员/职务/日期　　　　　　　　　　　　小组成员/职务/日期

_____　　　　　　　　_____

附录 4-2　产品质量策划总结和认定

日期：_____

产品名称：_____　　　　　　　　　零件号：_____
顾　客：_____　　　　　　　　　　制造厂：_____

1. 初步过程能力研究

P_{pk}——特殊特性　　　　　　　　　　　　　　　　　　　数　量

要　求	可接受	未定 *

P_{pk}：Preliminary Process Index，长期制程能力的指数。

2. 控制计划批准（如要求）　　被批准：是/否 *　　　　　　批准日期_____
3. 初始生产样品特性类别　　　　　　　　　　　　　　　　　数　量

尺寸
外观
实验室
性能

样品	每一样品的特性	可接受	未定 *

4. 量具和试验装置

测量系统分析　　　　　　　　　　　　　　　　　　　　　　数　量

要　求	可接受	未定 *

特殊特性

5. 过程监视　　　　　　　　　　　　　　　　　　　　　　　数　量

过程监视指导
过程单
目视辅具

要　求	可接受	未定 *

6. 包装/发运　　　　　　　　　　　　　　　　　　　　　　数　量

包装批准
装运试验

要　求	可接受	未定 *

7. 认定

小组成员/职务/日期　　　　　　　　　　　小组成员/职务/日期
_____　　　　　　_____

小组成员/职务/日期　　　　　　　　　　　小组成员/职务/日期
_____　　　　　　_____

小组成员/职务/日期　　　　　　　　　　　小组成员/职务/日期
_____　　　　　　_____

附录 4-3 产品/过程质量检查表

顾客或厂内零件号_____

	问题	是	否	所要求的意见/措施	负责人	完成日期
1	在制订或协调计划时是否需要顾客质量保证或产品工程部门的帮助					
2	供方是否已确定谁将作为与顾客的质量联络人					
3	供方是否已确定谁将作为与自己供方的质量联络人					
4	是否已使用克莱斯勒、福特和通用汽车公司质量体系对质量体系进行了评定					
	如下方面是否已明确有足够的人员：					
5	·控制计划要求					
6	·全尺寸检验					
7	·工程性能试验					
8	·问题解决的分析					
	是否具有含有如下内容的文件化培训计划：					
9	·包括所有的雇员					
10	·列出被培训人员名单					
11	·提出培训时间进度					
	对以下方面是否已完成培训：					
12	·统计过程控制					

修订日期_____

附录 4-4　动态控制计划流程图

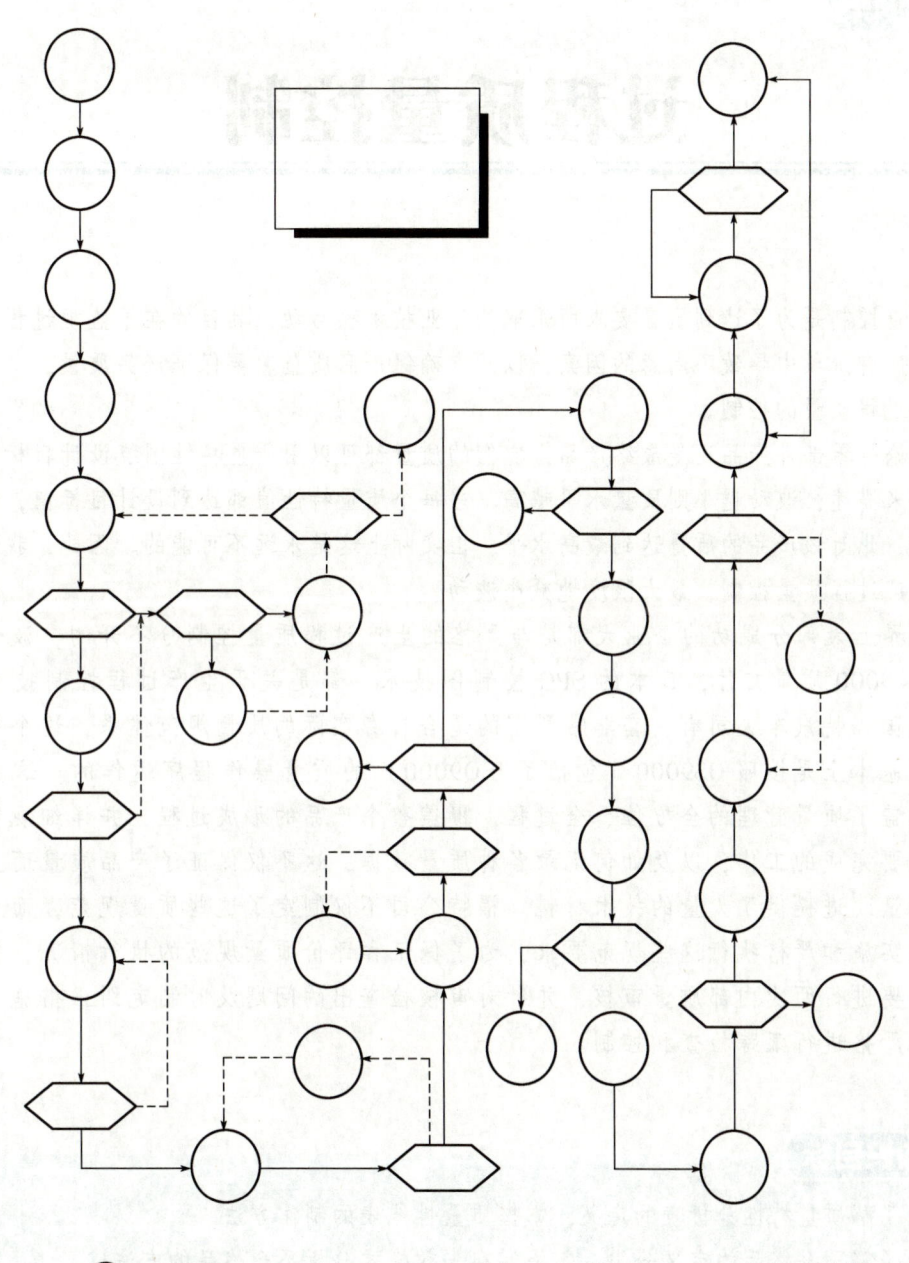

○ 代表措施；

⬡ 代表决策。

项目五

过程质量控制

质量控制是为了达到质量要求所采取的作业技术和活动，其目的在于监视过程并排除质量环所有阶段中导致不满意的因素，以此来确保产品质量。要保证产品质量，必须加强对生产过程质量的控制。

无论是零部件产品还是最终产品，它们的质量都可以用质量特性围绕设计目标值波动的大小来描述，波动越小则质量水平越高。当每个质量特性值都达到设计目标值，即波动为零时，此时该产品的质量达到最高水平，但实际上这是永远不可能的。因此，我们必须进行生产过程质量控制，最大限度地减小波动。

世界上大部分成功的企业大都是与严格的生产过程质量控制分不开的，波音公司的 D1-9000 质量文件，日本的 SPC 控制图技术，都是关于生产过程控制技术的文件。美国福特汽车公司有一套非常严密的适合自身实际的质量规范体系，这个质量规范体系基本上是按照 QS9000（包括了 ISO9000）的质量操作程序运作的。这些体系文件涵盖了质量管理的全方位、全过程，覆盖整个产品的形成过程，并详细规定了每个过程要完成的工作，以及如何记录各种质量数据，这不仅保证了产品质量而且为以后的质量改进提供了大量的技术材料。福特公司不仅制定了这些质量规范，而且还认真组织实施和严格执行这些规范要求，为了保证和评价质量规范的执行情况，福特公司每年要进行两次内部质量审核，并针对审核检查出的问题及时制定纠正措施，限期整改并严格进行跟踪检查和控制。

知识目标

1. 了解质量特性分析表的定义，掌握质量性能表的制作方法。
2. 了解不合格品的定义分类，掌握潜在失效模式分析不合格品的方法。

能力目标

1. 会制作质量特性分析表。
2. 能使用潜在失效模式分析不合格品的方法制作表格。

过程质量控制

> **情感目标**
> 1. 培养学生良好的团队协作精神。
> 2. 培养学生实事求是、认真仔细的学习习惯。

一、典型案例

降落伞的故事

这是一个第二次世界大战中期发生在美国空军和降落伞制造商之间的真实故事。当时，降落伞的安全度不够完美，即使经过厂商努力的改善，使得降落伞制造商生产的降落伞的良品率达到了99.9%，应该说这个良品率即使现在许多企业也很难达到，但是美国空军却对此公司说No，他们要求所交降落伞的良品率必须达到100%。于是降落伞制造商的总经理便专程去飞行大队商讨此事，看是否能够降低这个水准，因为厂商认为，能够达到这个程度已接近完美了，没有什么必要再改。当然美国空军一口回绝，因为品质没有折扣。后来，军方要求改变了检查品质的方法，那就是从厂商前一周交货的降落伞中，随机挑出一个，让厂商负责人装备上身后，亲自从飞行中的机身跳下。这个方法实施后，不良率立刻变成零。

交流讨论：为什么让厂商负责人装备降落伞上身，亲自从飞行中的机身跳下，不良率立刻变成零？

决策者一句"不出大问题就行，要力保本月产量"的话，就会立刻把员工多年辛辛苦苦培养起来的质量观念击垮。殊不知，决策者的错误决定会导致"失之毫厘，谬以千里"，这种决定是中层管理者和员工无论如何努力都无法改变的，可见决策者观念在质量管理中的作用很重要。决策者有了全程质量管理意识，还要让中层和员工形成良好的全程质量管理意识。每个下游环节员工就是上游环节的质量监督员，出现质量要及时反馈给上游，杜绝不合格产品从自己手中流入下个生产环节。

二、任务布置

学生分为四个小组，对汽车零部件加工企业的生产产品进行调研，完成《产品质量特性分析表》《潜在消失模式过程控制不合格品》。

三、相关知识

生产过程的质量监控在产品质量控制中的地位十分重要。进入20世纪90年代以来，质量控制学说已发生了较大的变化，现代质量工程技术把质量控制划分为若干阶段，在产品开发设计阶段的质量控制叫作质量设计。在制造中需要对生产过程进行监测，该阶段称为质量监控阶段。以抽样检验控制质量是传统的质量控制，被称为事后质量控制。在上述若干阶段中最重要的是质量设计，其次是质量监控，再次是事后质量控制。对于那些质量水平较低的生产工序，事后检验是不可少的，但质量控制应是源头治理，预防越早越好，事后检验控制要逐渐取消。事实上一些发达国家中的企业已经取消了事后检验。综上所述，过程监控是产品质量一个源头控制质量的关键。

（一）质量特性分析表

质量特性分析表是分析产品实现过程中产品及其组成部分的重要质量特性与产品适用性的关系和主要影响这些特性的过程因素的技术文件。

编制质量特性分析表所依据的主要技术资料有：

（1）产品图纸或设计文件。

（2）作业流程（工艺路线）及作业规范（工艺规程）。

（3）作业（工序）管理点明细表。

（4）顾客或下一作业过程（工序）要求的变更质量指标的资料。

（二）不合格品控制

（1）GB/T 19000—2000 对不合格的定义为"未满足要求"。

不合格包括产品、过程和体系没有满足要求，所以不合格包括不合格品和不合格项。其中，凡成品、半成品、原材料、外购件和协作件对照产品图样、工艺文件、技术标准进行检验和试验，被判定为一个或多个质量特性不符合（未满足）规定要求，统称为不合格品。质量检验工作的重要任务之一，就是在整个产品形成过程中剔除和隔离不合格品，不合格品的及时剔除与隔离，可确保防止误用或误装形成不合格的产品。

（2）不合格严重性分级。

产品及产品形成过程中涉及许许多多质量特性要求，这些质量特性的重要程度是各不相同。不合格是质量偏离规定要求的表现，而这种偏离因其质量特性的重要程度不同和偏离规定的程度不同，对产品适用性的影响也就不同。不合格严重性分级，就是将产品质量可能出现的不合格，按其对产品适用性影响的不同进行分级，列出具体的分级表，据此实施管理。不合格严重性分级的五项原则：

①所规定的质量特性的重要程度。

②对产品适用性的影响程度。

③顾客反映的不满意强烈程度。

④功能性和非功能性质量特性的影响因素。

⑤不合格对下一道工序的影响程度。

目前，我国国家标准推荐，将不合格分为 3 个等级。等级划分不宜太细，划分越细，级别之间的差异就越难区分。

我国某些行业将不合格分为三级，其代号分别为 A、B、C，某些行业则分为四级。

A 类不合格。单位产品的极重要质量特性不符合规定，或单位产品的质量特性极严重不符合规定，称为 A 类不合格。

B 类不合格。单位产品的重要质量特性不符合规定，或单位产品的质量特性严重不符合规定，称为 B 类不合格。

C 类不合格。单位产品的一般质量特性不符合规定，或单位产品的质量特性轻微不符合规定，称为 C 类不合格。

从以上分级可以看出，不合格分级级别既与质量特性的重要程度有关，又与不合格的严重程度有关。

（3）不合格品的控制程序。

①规定对不合格品的判定和处置的职权。

②对不合格品要及时做出标识，以便识别。标识的形式可采用色标、票签、文字、印记等。

③做好不合格品的记录，确定不合格品的范围，如生产时间、地点、产品批次、零部件号、生产设备等。

④评定不合格品，提出对不合格品的处置方式，决定返工、返修、让步、降级、报废等处置，并做好记录。

⑤对不合格品要及时隔离存放，严防误用或误装。

⑥根据不合格品的处置方式，对不合格品做出处理并监督实施。

⑦通报与不合格品有关的职能部门，必要时也应通知顾客。

（三）潜在失效模式及后果分析 FMEA（Failure Mode Effect Analysis）

1. 过程 FMEA

过程 FMEA 是负责制造/装配的工程师/小组主要采用的一种分析技术，用以最大限度地保证各种潜在的失效模式及其相关的起因/机理已得到充分的考虑和论述。FMEA 以最严密的方式总结了开发一个过程时小组的思想，其中包括根据以往的经验可能会出错的一些项目的分析。这种系统化的方法体现了一个工程师在任何制造策划过程中正常经历的思维过程，并使之规范化。

FMEA 可以描述为一组系统化的活动，其目的是：

（1）认可并评价产品/过程中的潜在失效以及该失效的后果。

（2）确定能够消除或减少潜在失效发生机会的措施。

（3）将全部过程形成文件。FMEA 是对确定设计或过程必须做哪些事情才能使顾客满意这一过程的补充。

FMEA 的实施：由于一般的工业倾向是要尽可能持续地改进产品和过程的质量，因此将 FMEA 作为专门的技术应用以识别并最大限度地减少潜在的隐患。以汽车工业为例，对车辆召回的研究结果表明，FMEA 项目的全面实施可能会防止很多召回事件的发生。

负责过程的工程师掌握一些有益于过程 FMEA 准备工作的文件是有帮助的。FMEA 从列出过程期望做什么和不期望做什么的清单，即过程意图开始。

过程 FMEA 应从一般过程的流程图开始。这个流程图应明确与每一工序相关的产品/过程特性。如果有的话，相应的设计 FMEA 中所明确的一些产品影响后果应包括在内。用于 FMEA 准备工作的流程图的复制件应伴随着 FMEA。

如图 5-1 所示 FMEA 过程顺序。这并不是简单地填写一下表格，而是要理解 FMEA 过程，以便消除风险并策划适宜的控制方法以确保顾客满意。在进行 FMEA 时，有 3 种基本的情形，每一种都有其不同的范围或关注焦点。

情形 1：新设计、新技术或新过程。FMEA 的范围是全部设计、技术或过程。

情形 2：对现有设计或过程的修改（假设对现有设计或过程已有 FMEA）。FMEA 的范围应集中于对设计或过程的修改，因为修改可能产生工艺相互影响。

情形 3：将现有的设计或过程用于新的环境、场所或应用（假设对现有设计或过程已有 FMEA）。FMEA 的范围是新环境或场所对现有设计或过程的影响。虽然 FMEA 的编制责任通常都指派到某个人，但是 FMEA 的输入应是小组的努力。小组应由知识丰富的人员组成，如设计、分析/试验、制造、装配、服务、回收、质量及可靠性等方面有丰富经验的工程师。FMEA 由责任单位的工程师开始启动，责任单位可能是原设备制造厂、供方或分承包方。

2. 过程 FMEA 的开发

为了便于潜在失效模式及其后果分析的文件化，编制了过程 FMEA 表，如图 5-2 所示。FMEA 准备工作中所有的框图的复制件应伴随 FMEA 过程。

（1）FMEA 编号：填入 FMEA 文件编号，以便查询。

（2）系统、子系统或零部件的名称及编号：注明适当的分析级别并填入被分析的系统、子系统或部件的名称及编号。FMEA 小组必须为他们特定的活动确定系统、子系统或部件的组成。划分系统、子系统和部件的实际界限是任意的并且必须由 FMEA 小组来确定。下面给出了一些说明，具体示例如图 5-3 所示。系统 FMEA：一个系统可以看作是由各个子系统组成的。这些子系统往往是由不同的小组设计的。一些典型的系统 FMEA 可能包括下列系统：底盘系统、传动系统、内饰系统等，因此，系统 FMEA 的焦点是要确保组成系统的各子系统间的所有接口和交互作用以及该系统与车辆其他系统和顾客的接口都要覆盖。子系统 FMEA 的范围：一个子系统 FMEA 通常是一个大系统的一个组成部分。例如，前悬挂系统是底盘系统的一个组成部分。因此，子系统 FMEA 的焦点就是确保组成子系统的各个部件间的所有的接口和交互作用都要覆盖。部件 FMEA 的范围：部件 FMEA 通常是一个以子系统的组成部分为焦点的 FMEA，例如，螺杆是前悬挂系统（底盘系统的一个子系统）的一个部件。

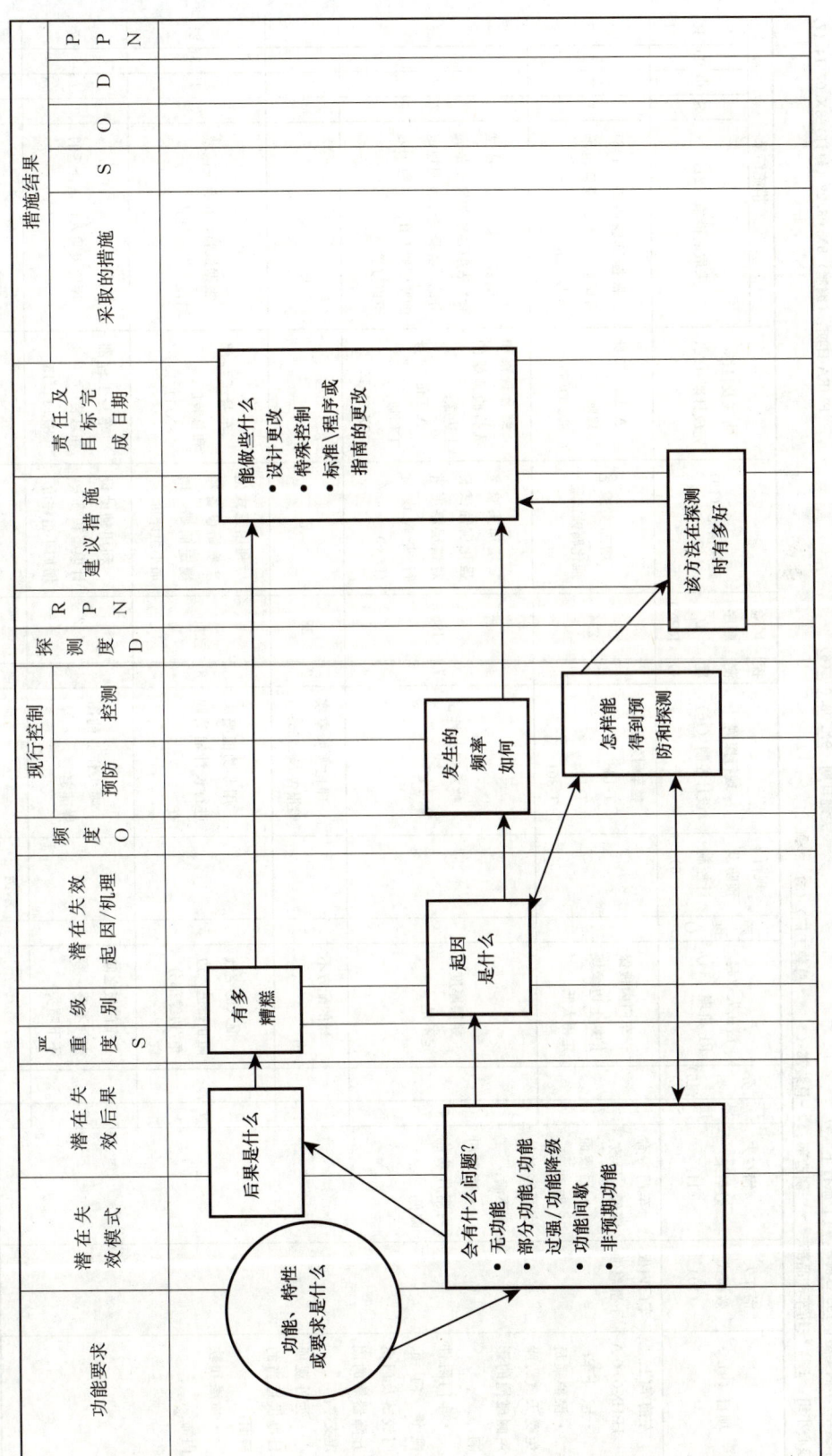

图 5-1 FMFA 过程顺序

XX ＿＿系统
XX ＿＿子系统
零组件：01.03/车密封 (2)
车型年/车辆类型：199X/狮牌4门/旅行车 (5)
核心小组：T.＊＊＊-新车产品部、＊＊＊-制造部、＊＊＊-总装部（＊＊＊＊-总装工厂）(8)

责任部分：车身工程师 (3)
关键日期：9X.03.01 (6)

FMEA编号 1234 (1)
页码：共 1 页，第 1 页
编制者：A. Tate-X6412-车身工程师 (4)
FMEA日期：(编制) 8X.03.22 (修订) 8X.07.14 (7)

项目 (9)	潜在失效模式 (10)	潜在失效后果 (11)	严重度 S	分类 (15)	潜在失效起因/机理 (14)	频度 O	现行预防设计控制 (16)	现行探测设计控制 (16)	探测度 D	风险顺序数 (RPN)	建议措施 (19)	责任及目标完成日期 (20)	措施结果 采取的措施 (21)	S	O	D	RPN
左前车门 HBHX-0000-A ·上、下车； ·保护乘员免受天气、噪声和侧碰撞的影响； ·车门附件锁、门镜、门铰链及门窗升降器等的固定支承； ·为外观项目提供适当的表面； ·喷漆和软内饰	车门内板下部腐蚀	车门寿命降低，导致：·因漆面长期生锈，使顾客对外观不满；·使车门内附件功能降低	7		车门内板保护蜡上边缘规定得太低	6		整车耐久性试验 T-188 T-109 T-301	7	294	增加实验室强化腐蚀试验	A. Tate-车身工程师 8X.09.30	根据试验结果（1481号试验，上边缘规范增加125 cm）	7	2	2	28
			7		蜡层厚度规定不足	4		整车耐久性试验同上	7	196	增加实验室强化腐蚀试验对蜡层厚度进行实验设计（DOE）	结合观察和试验验证蜡的上边缘；A. Tate-车身工程师 9X.01.15	试验结果（1481号试验）表明要求的厚度是充分的。实验验证表明规定的厚度变差在25%范围内可以接受	7	2	2	28
			7		蜡的配方不当	2		理化实验室实验报告 No.1265	2	28	无						
			7		混入的空气阻止蜡进入边角/边缘部分	5		用非功能喷头进行设计辅助调查	8	280	利用正式生产喷蜡设备和规定的蜡，增加小组评价	车身工程部和总装厂 8X.11.15	根据试验，增设3个通气孔	7	1	3	21
			7	示例	车门板之间空间不够，容不下喷头	4		喷头作业的图样验证	4	112	利用辅助设计模型和喷头，增加小组评价	车身工程部和总装厂 8X.11.15	评价表明人口是合适的	7	1	1	7

图 5-2 过程 FMEA 表

70

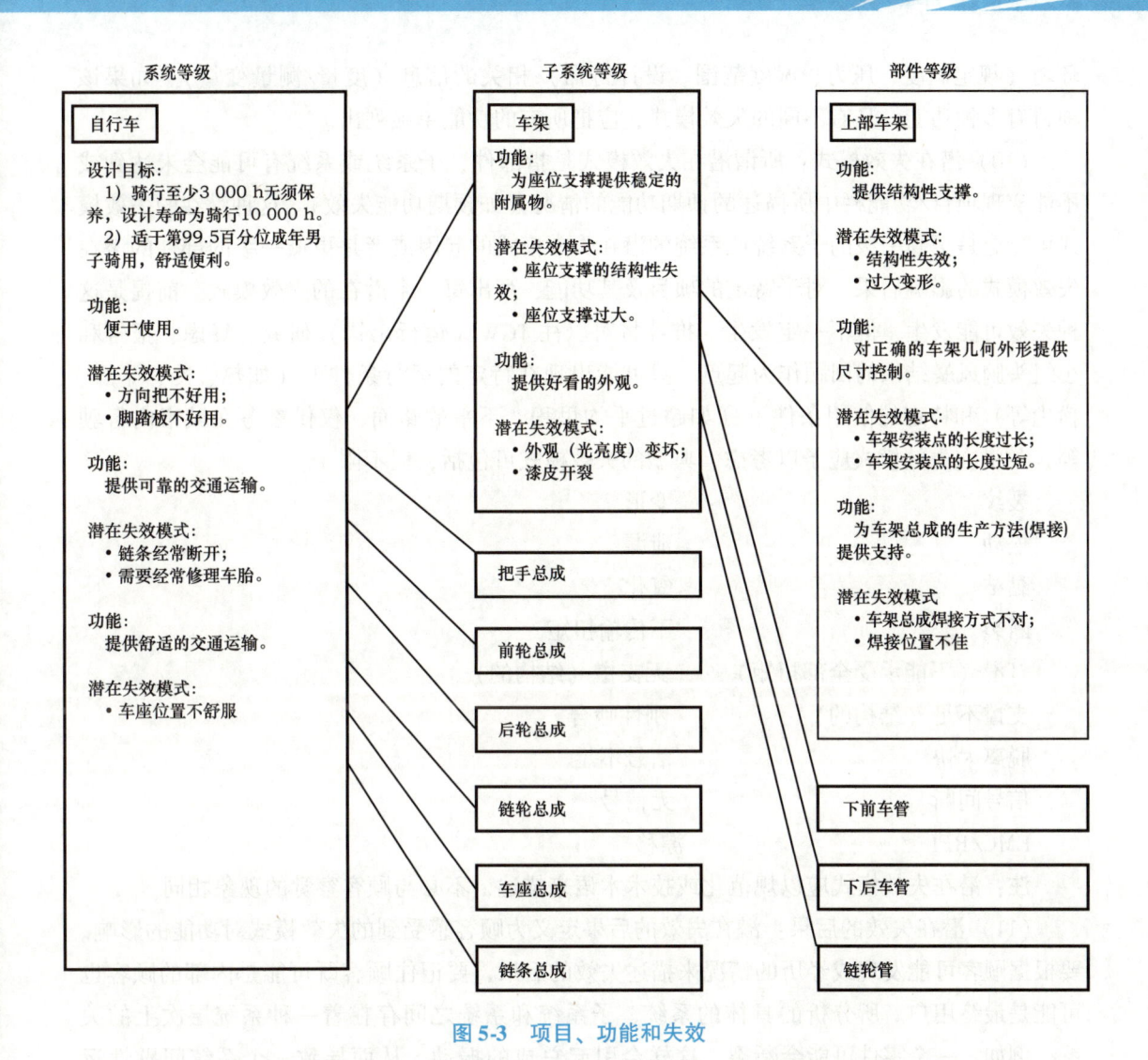

系统等级	子系统等级	部件等级
自行车 设计目标： 1）骑行至少3 000 h无须保养，设计寿命为骑行10 000 h。 2）适于第99.5百分位成年男子骑用，舒适便利。 功能： 便于使用。 潜在失效模式： • 方向把不好用； • 脚踏板不好用。 功能： 提供可靠的交通运输。 潜在失效模式： • 链条经常断开； • 需要经常修理车胎。 功能： 提供舒适的交通运输。 潜在失效模式： • 车座位置不舒服	**车架** 功能： 为座位支撑提供稳定的附属物。 潜在失效模式： • 座位支撑的结构性失效； • 座位支撑过大。 功能： 提供好看的外观。 潜在失效模式： • 外观（光亮度）变坏； • 漆皮开裂 把手总成 前轮总成 后轮总成 链轮总成 车座总成 链条总成	**上部车架** 功能： 提供结构性支撑。 潜在失效模式： • 结构性失效； • 过大变形。 功能： 对正确的车架几何外形提供尺寸控制。 潜在失效模式： • 车架安装点的长度过长； • 车架安装点的长度过短。 功能： 为车架总成的生产方法(焊接)提供支持。 潜在失效模式 • 车架总成焊接方式不对； • 焊接位置不佳 下前车管 下后车管 链轮管

图 5-3　项目、功能和失效

（3）设计责任：填入整车厂、部门和小组。如适用，还包括供方的名称。

（4）编制者：填入负责编制 FMEA 的工程师的姓名、电话和所在公司的名称。

（5）车型年/项目：填入所分析的设计将要应用和/或影响的车型年/项目（如已知的话）。

（6）关键日期填入初次 FMEA 应完成的时间，该日期不应超过计划的生产设计发布日期。

（7）FMEA 日期填入编制 FMEA 原始稿的日期及最新修订的日期。

（8）核心小组列出有权确定和/或执行任务的责任部门的名称和个人的姓名（建议所有参加人员的姓名、部门、电话地址都应记录在一张分发表上）。

（9）项目/功能：填入被分析项目的名称和其他相关信息（如编号、零件级别等）。利用工程图纸上标明的名称并指明设计水平。在初次发布（如在概念阶段）前，应使用试验性编号。用尽可能简明的文字来说明被分析项目满足设计意图的功能，包括该系统运行环境（规定温度、压力、湿度范围、设计寿命）相关的信息（度量/测量变量）。如果该项目有多种功能，且有不同的失效模式，应把所有的功能单独列出。

（10）潜在失效模式：所谓潜在失效模式是指部件、子系统或系统有可能会未达到或不能实现项目/功能栏中所描述的预期功能的情况（如预期功能失效）。这种潜在的失效模式可能会是更高一级的子系统或系统的潜在失效模式的起因或者是更低一级的部件的潜在失效模式的影响后果。对于特定的项目及其功能，列出每一个潜在的失效模式。前提是这种失效可能发生，但不一定发生。推荐将对以往TGW（运行出错）研究、疑虑、报告和小组头脑风暴结果的回顾作为起点。只可能出现在特定的运行条件下（如热、冷、干燥、粉尘等）和特定的使用条件下（如超过平均里程、不平的路面、仅供参考在城市内行驶等）的潜在失效模式应予以考虑。典型的失效模式可包括，但不限于：

裂纹	变形
松动	泄漏
黏结	氧化
断裂	不传输扭矩
打滑（不能承受全部扭矩）	无支撑（结构的）
支撑不足（结构的）	刚性啮合
脱离太快	信号不足
信号间断	无信号
EMC/RFI	漂移

注：潜在失效模式应以规范化或技术术语来描述，不必与顾客察觉的现象相同。

（11）潜在失效的后果：潜在失效的后果定义为顾客感受到的失效模式对功能的影响。要根据顾客可能发现或经历的情况来描述失效后果，要记住顾客既可能是内部的顾客也可能是最终用户。所分析的具体的系统、子系统和系统之间存在着一种系统层次上的关系。例如，一个零件可能会断裂，这样会引起总成的振动，从而导致一个系统间歇性运行。系统的间歇性运行可能会造成性能的下降并最终导致顾客的不满。分析的意图就是在小组所拥有的知识层次上，尽可能地预测到失效的后果。典型的失效后果可能是但不限于以下情况：

噪声	粗糙
工作不正常	不起作用
外观不良	异味
不稳定	工作减弱
间歇运行	热衰变
泄漏	不符合法规

（12）严重度：严重度是一给定失效模式最严重的影响后果的级别。严重度是单一的FMEA范围内的相对定级结果。严重度数值的降低只有通过改变设计才能够实现。推荐的评价准则小组应对评定准则和分级规则达成一致意见，只有个别产品分析可做修改。推荐

的 FMEA 严重度评价准则见表 5-1。

表 5-1 推荐的 FMEA 严重度评价准则

后果	评定准则：后果的严重度 当潜在失效模式导致最终顾客和/或一个制造/装配厂产生缺陷时便得出相应的定级结果。最终顾客永远是要首先考虑的。如果两种可能都存在，采用两个严重度值中的较高者（顾客的后果）	评定准则：后果的严重度 当潜在失效模式导致最终顾客和/或一个制造/装配厂产生缺陷时便得出相应的定级结果。最终顾客永远是要首先考虑的。如果两种可能都存在，采用两个严重度值中的较高者（制造/装配后果）	严重度级别
无警告的危害	当潜在的失效模式在无警告的情况下影响车辆安全运行和/或涉及不符合政府法规的情形时，严重度定级非常高	可能在无警告的情况下对（机器或总成）操作者造成危害	10
有警告的危害	当潜在的失效模式在有警告的情况下影响车辆安全运行和/或涉及不符合政府法规的情形时，严重度定级非常高	可能在有警告的情况下对（机器或总成）操作者造成危害	9
很高	车辆/项目不能工作（丧失基本功能）	100%的产品可能需要报废，或者车辆/项目需在返修部门返修 1 h 以上	8
高	车辆/项目可运行，但性能水平下降。顾客非常不满意	产品需要进行分检、一部分（小于100%）需报废，或车辆/项目在返修部门进行返修的时间在 0.5～1 h	7
中等	车辆/项目可运行，但舒适性/便利性项目不能运行。顾客不满意	一部分（小于100%）产品可能需要报废，不需分检或者车辆/项目需在返修部门返修小于 0.5 h	6
低	车辆/项目可运行，但舒适性/便利性项目性能水平有所下降	100%的产品可能需要返工或者车辆/项目在线下返修，不需送往返修部门处理	5
很低	配合和外观/尖响和咔嗒项目不舒服。多数（75%以上）顾客能发觉缺陷	产品可能需要分检，无须报废，但部分产品（小不100%）需返工	4
轻微	配合和外观/尖响和咔嗒项目不舒服。50%的顾客能发觉缺陷	部分（小于100%）产品可能需要返工，无须报废，在生产线上其他工位返工	3
很轻微	配合和外观/尖响和咔嗒项目不舒服。有辨识力顾客（25%以下）能发觉缺陷	部分（小于100%）产品可能需要返工，无须报废，在生产线上其他工位返工	2
无	无可辨别的影响	对操作或操作者而言有轻微的不方便或无影响	1

注：不推荐修改确定为 9 和 10 的严重度数值。严重度数值定级为 1 的失效模式不应进行进一步的分析。

有时，高的严重度定级可以通过修改设计、使之补偿或减轻失效的严重度结果来予以减小。例如，"瘪胎"可以减轻突然爆胎的严重度，"安全带"可以减轻车辆碰撞的严重程度。

73

四、能力训练

（1）参考图 5-2 设计一张潜在失效模式及后果分析表格：

提交完整的 Word 文档和简要演示文档。

小组演示汇报，每组不超过 10 min。

（2）参考图 5-3 设计一份项目、功能和失效表格。

五、应知应会

（一）单选题

（1）质量特性分析是指（　　）。

  A. 质量特性与质量成本关系的分析

  B. 质量特性与设计质量关系的分析

  C. 质量特性与产品适用性关系的分析

  D. 质量特性与顾客满意程度关系的分析

（2）不合格严重性分级是根据（　　）分级。

  A. 对检验人员素质和能力要求的不同

  B. 对作业过程能力要求的高低不同

  C. 可能出现的质量特性不符合造成的财务损失的大小不同

  D. 已出现的质量特性不符合对产品适用性的影响程度不同

（3）FMEA 是指（　　）。

  A. 潜在失效模式及后果分析　　B. 质量特性分析表

  C. 不合格品严重度等级　　　　D. 不合格品控制

（二）多选题

（1）编制质量特性分析表依据的主要技术文件是（　　）。

  A. 顾客的质量反馈　　　　B. 产品质量法

  C. 作业规程和设计文件　　D. 检定计量规程

（2）不合格严重性分级需要考虑的原则是（　　）。

  A. 质量特性的重要程度　　B. 对适用性的影响程度

  C. 产品市场销售量大小　　D. 顾客不满意强烈程度

（3）过程 FMEA 是（　　）主要采用的一种分析技术，用以最大限度地保证各种潜在的失效模式及其相关的起因/机理已得到充分的考虑和论述。

　　A. 负责制造的工程师　　　　B. 负责装配的工程师

　　C. 负责制造的小组　　　　　D. 负责装配的个人

（三）简答题

（1）质量特性表的定义及依据是什么？

（2）什么是潜在失效后果？

六、项目评价

学习与工作任务过程评价自评见表 5-2。

表 5-2　学习与工作任务过程评价自评

班级		姓名		学号		日期	年　月　日		
评价指标	评价要素				权重	等级评定			
						A	B	C	D
信息检索	能有效利用网络资源、工作手册查找有效信息				5%				
	能用自己的语言有条理地解释、表述所学知识				5%				
	能将查找到的信息有效转换到工作中				5%				
感知工作	熟悉你的工作岗位，认同工作价值				5%				
	在工作中，获得满足感				5%				
参与状态	与教师、同学之间相互尊重、理解、平等				5%				
	与教师、同学之间能够保持多向、丰富、适宜的信息交流				5%				
	探究学习、自主学习不流于形式，处理好合作学习和独立思考的关系，做到有效学习				5%				
	能提出有意义的问题或能发表个人见解；能按要求正确操作；能够倾听、协作分享				5%				
	积极参与，在学习与工作过程中不断学习，综合运用信息技术的能力提高很大				5%				
学习方法	工作计划、操作技能符合规范要求				5%				
	获得了进一步发展的能力				5%				
工作过程	遵守管理规程，操作过程符合现场管理要求				5%				
	平时上课的出勤情况和每天完成工作任务情况				5%				
	善于多角度思考问题，能主动发现、提出有价值的问题				5%				
思维状态	能发现问题、提出问题、分析问题、解决问题、创新问题				5%				
自评反馈	按时按质完成工作任务				5%				
	较好地掌握了专业知识点				5%				
	具有较强的信息分析能力和理解能力				5%				
	具有较为全面严谨的思维能力并能条理明晰表述成文				5%				
自评等级									
有益的经验和做法									
总结反思建议									
等级评定	A：很满意；B：比较满意；C：一般；D：有待提高								

学习与工作任务过程评价互评见表 5-3。

表 5-3　学习与工作任务过程评价互评

班级		姓名		学号		日期	年	月	日
评价指标	评价要素				权重	等级评定			
						A	B	C	D
信息检索	能有效利用网络资源、工作手册查找有效信息				5%				
	能用自己的语言有条理地解释、表述所学知识				5%				
	能将查找到的信息有效转换到工作中				5%				
感知工作	熟悉自己的工作岗位，认同工作价值				5%				
	在工作中，获得满足感				5%				
参与状态	与教师、同学之间相互尊重、理解、平等				5%				
	与教师、同学之间能够保持多向、丰富、适宜的信息交流				5%				
	能处理好合作学习和独立思考的关系，做到有效学习				5%				
	能提出有意义的问题或能发表个人见解；能按要求正确操作；能够倾听、协作分享				10%				
	积极参与，在学习工作过程中不断学习，综合运用信息技术的能力提高很大				10%				
学习方法	工作计划、操作技能符合规范要求				5%				
	获得了进一步发展的能力				5%				
工作过程	遵守管理规程，操作过程符合现场管理要求				5%				
	平时上课的出勤情况和每天完成工作任务情况				5%				
	善于多角度思考问题，能主动发现、提出有价值的问题				5%				
思维状态	能发现问题、提出问题、分析问题、解决问题、创新问题				5%				
自评反馈	能严肃认真地对待自评，并能独立完成自测试题				10%				
互评等级									
简要评述									
等级评定	A：很满意；B：比较满意；C：一般；D：有待提高								

项目六

质量检验管理

质量检验自古就有，例如，在手工业时代，一个工匠编竹筐时，他时不时停下来看看自己编的筐圆不圆，这就是他自己检查自己生产的产品质量。后来生产发展了，设有专人来检验产品的质量，于是出现了专职质量检验员，质量检验成为一种职业。

质量检验是企业生产经营活动中的重要环节，是质量管理的重要组成部分。本项目通过对质量检验知识的学习，使学生了解和掌握质量检验方法和基本要求。通过本章的学习，使学生了解检验指导书的编制要求，基本掌握不合格品的控制方法，基本掌握检验计划的编制要求；能根据案例编制检验计划，能按工艺生产要求设计检验流程图；能按要求对不合格品进行控制。

知识目标

1. 了解质量检验的目的和职能。
2. 了解质量检验计划的编制要求。
3. 了解检验流程图、检验站设置的原则和要求。
4. 了解检验规程（指导书）的编制要求。
5. 理解不合格品的分类和控制方法。

能力目标

1. 能根据案例编制检验计划。
2. 能按工艺生产要求设计检验流程图。
3. 初步具备编制检验规程（指导书）的能力。
4. 能按要求对不合格品对进行控制。

情感目标

1. 培养学生良好的互助监督意识。
2. 增强学生学习的责任心，使学生善于发现质量问题。

一、典型案例

海尔砸冰箱

1985年，青岛电冰箱总厂生产的瑞雪牌电冰箱（海尔的前身），在一次质量检查时，库存不多的电冰箱中有76台不合格，按照当时的销售行情，这些电冰箱稍加维修便可出售。但是，厂长张瑞敏当即决定，在全厂职工面前，将76台电冰箱全部砸毁。当时一台冰箱800多元钱，而职工每月平均工资只有40元，一台冰箱几乎等于一个工人两年的工资。当时职工们纷纷建议：便宜处理给工人。

张瑞敏对员工说："如果便宜处理给你们，就等于告诉大家可以生产这种带缺陷的冰箱。今天是76台，明天就可能是760台、7 600台……因此，必须解决这个问题。"

于是，张瑞敏决定砸毁这76台冰箱，而且是由责任者自己砸毁。很多职工在砸毁冰箱时都流下了眼泪，平时浪费了多少产品，没有人去心痛，但亲手砸毁冰箱时，职工们感受到了这是一笔很大的损失，痛心疾首。通过这种非常有震撼力的场面，改变了职工对质量标准的看法。

交流讨论：海尔厂长为什么要用此种极端的方法处理不合格产品？

产品的质量是企业的生命，只有优质、高效的企业才能在任何挑战中永远立于不败之地。所以，企业必须把好质量关。无论从事何种经营，都要严格要求产品质量。如果经营管理没有质量管理的观念，那么这个企业就不能发展。

在美国，许多公司常常使用相当于总营业额15%到20%的费用在测试、检验、变更设计、整修、售后保证、售后服务、退货处理以及其他与质量有关的成本上，所以真正费钱的是质量低劣品。如果企业第一次就把事情做好，那些浪费在补救工作上的时间、金钱和精力就可以避免。

第二次世界大战后，日本公司正是树立起追求完美的观念，以高质量打败美国企业的。而海尔也通过自己的努力让日本人折服，比如著名的代表人物魏小娥。

为了发展海尔整体卫浴设施的生产，1997年8月，33岁的魏小娥被派往日本，学习掌握世界最先进的整体卫浴生产技术。在学习期间，魏小娥注意到，日本人试模期废品率一般都在30%、60%，设备调试正常后，废品率为2%。

为什么不把合格率提高到100%？魏小娥问日本的技术人员。"100%？你觉得可能吗？"日本人反问。从对话中，魏小娥意识到，不是日本人能力不行，而是思想上的桎梏使他们停滞于2%。

作为一个海尔人，魏小娥的标准是100%，即"要么不干，要干就要争第一"。她拼命地利用每一分每一秒的学习时间，3周后，带着先进的技术知识和赶超日本人的信念回到了海尔。

时隔半年，日本模具专家宫川先生来华访问见到了"徒弟"魏小娥，她此时已是卫浴

项目六

分厂的厂长。面对着一尘不染的生产现场、操作熟练的员工和100%合格的产品，他惊呆了，反过来向徒弟请教问题。

点评：质量检验是企业生产经营活动中的重要环节，是质量管理的重要组成部分。生产和检验是一个有机的整体，没有检验，生产过程就无法进行。

二、任务布置

本任务以某虚拟电动工具公司名义对同学进行分组，组成质量检验组，编制检查表，了解产品不合格严重性分级原则，学习不合格品的控制方法。通过多个典型案例分析学习明确编写电钻产品进厂检验指导书（卡）和电钻不合格分级指导书的方法，明确质量检验计划安排的步骤和内容。通过本模块学习，加深对进货检验、过程检验、最终检验、不合格品控制等工作任务的理解，使学生掌握检验计划编制、检验指导书编制和不合格品的控制要求。

三、相关知识

（一）质量检验的基本知识

1. 与质量检验有关的定义

检验是通过观察和判断，适当结合测量、试验或估量所进行的符合性评价。试验是按照程序确定一个或多个特性。验证是通过提供客观证据对规定要求已得到满足的认定。图6-1所示为超市购物质量检验。

图6-1 超市购物质量检验

合格（符合）即满足要求；不合格（不符合）就是未满足要求。

2. 质量检验与质量管理体系

（1）关系：质量管理是在质量检验的基础上发展起来的，质量检验又随着质量管理发展而发展。质量管理经历了三个发展阶段。不管哪一阶段都离不开质量检验。

（2）质量检验在质量管理体系中的作用。根据检验的质量职能，质量检验在质量管理体系中的作用有如下职能。

①鉴别职能：通过测量、比较，判断质量特性值是否符合规定的要求，这是质量检验的鉴别职能。鉴别职能是质量检验所固有的第一职能，是保证（把关）职能的前提。

②把关职能：通过鉴别职能区分合格品和不合格品，将不合格品实行剔除和"隔离"，保证不合格的原材料不投产，不合格的在制品、半成品不转序，不合格的成品不出售，实现质量把关。从这个角度出发，质量检验的这个职能也可以称为"把关"职能。

③预防职能：现代质量检验不单纯是事后"把关"，还通过检验信息的反馈和利用，预防问题的产生。

④报告职能：将质量检验获取的数据和信息，经汇总、整理和分析后写成报告，为组织的质量策划、质量控制、质量改进、质量考核以及质量决策提供重要依据。

（二）企业质量检验的步骤

质量检验的步骤如图 6-2 所示。

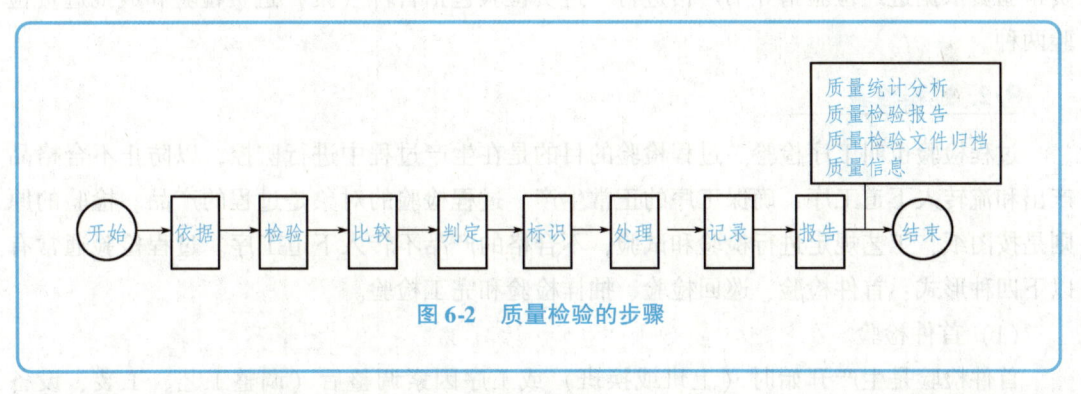

图 6-2 质量检验的步骤

熟悉规定要求，选择检验方法，制定检验规范，培训检验人员。企业质量检验多为判定性检验，检验依据是标准、规范、工艺、合同。

（1）首先要熟悉检验标准和技术文件规定的质量特性和具体内容，确定测量的项目和量值。其次要确定检验方法，选择合适的计量器具和仪器设备。再者制定检验规程或检验指导书。必要时要对检验人员进行相关知识和技能的培训和考核。

（2）测量或试验：按已确定的检验方法和方案，对产品质量特性进行定量或定性的观察、测量、试验，得到需要的量值和结果。

（3）比较和判定：将检验的结果与规定要求进行对照比较，确定每一项质量特性是否符合规定要求，从而判定被检验的产品是否合格。要坚持"三不放过"原则，即：不查清不合格的原因不放过；不查清责任不放过；不落实改进的措施不放过。

(4) 处置：对产品（或批）是否可以"接收""放行"做出处置。

①对单件产品，合格品准予放行，转入下一工序或入库、交付（销售、使用）。对不合格品，按其程序分别做出返修、返工、让步接收或报废处置。

②对批量产品，根据产品质量情况和检验判定结果分别做出接收、拒收、复检处置。

(5) 记录：对检验的有关数据，填入规定的记录格式中，并签字确认。记录填写要客观、真实，字迹要清晰。

（三）检验方式的分类

检验的方式有多种多样，选用合适的检验方式，不仅可以真实地获得产品质量状况，保证产品质量，还可以节约检验费用，缩短检验周期。检验方式的分类常用的有三种：一是按生产过程顺序划分；二是按检验地点划分；三是按检验数量划分。而在实际生产中，往往是上述三种检验方式的组合，即同时存在。

按生产过程顺序分类有如下几种。

1. 进货检验

进货检验又叫作进厂检验。进货检验是企业对采购的原材料、外购件、外协件和辅助材料在入库之前所进行的检验。进货检验的目的是防止不合格品进入仓库。进货检验由进货检验员依据进厂检验指导书严格进行。进货检验包括首件（批）进货检验和成批进货检验两种。

2. 过程检验

过程检验也叫工序检验。过程检验的目的是在生产过程中进行监控，以防止不合格品产出和流转入下道工序，确保工序的正常生产。过程检验的对象是过程的产品。检验的原则是按图纸、工艺规定进行检验和试验，不合格的产品不转入下道工序。过程检验通常有以下四种形式：首件检验、巡回检验、抽样检验和完工检验。

(1) 首件检验。

首件检验是生产开始时（上班或换班）或工序因素调整后（调整工艺、工装、设备等）对制造的第一件或几件产品进行的检验，目的是为了尽早发现过程中的系统因素，防止产品成批报废。未经"首检"合格，不得批量生产。

(2) 巡回检验。

巡回检验又称流动检验，是检验员在生产现场按一定时间间隔对有关工序生产的产品和加工工艺进行监督检验。巡回检验的重点是关键工序、关键部件或薄弱环节。

(3) 抽样检验。

从一批产品中随机抽取少量产品（样本）进行检验，以判断该批产品是否合格的统计方法和理论，称抽样检验。它与全面检验的不同之处在于全面检验需对整批产品逐个进行检验，而抽样检验则根据样本中产品的检验结果来推断整批产品的质量。如果推断结果认为该批产品符合预先规定的合格标准，就予以接收，否则就拒收。采用抽样检验可以显著地节省工作量。破坏性试验（如检验灯泡的使用寿命）以及散装产品（如矿产品、粮食）和连续产品（如棉布、电线）等的检验，也都只能采用抽样检验。抽样检验是统计质量管理的一个重要组成部分。图 6-3 所示为抽样检验特性曲线。

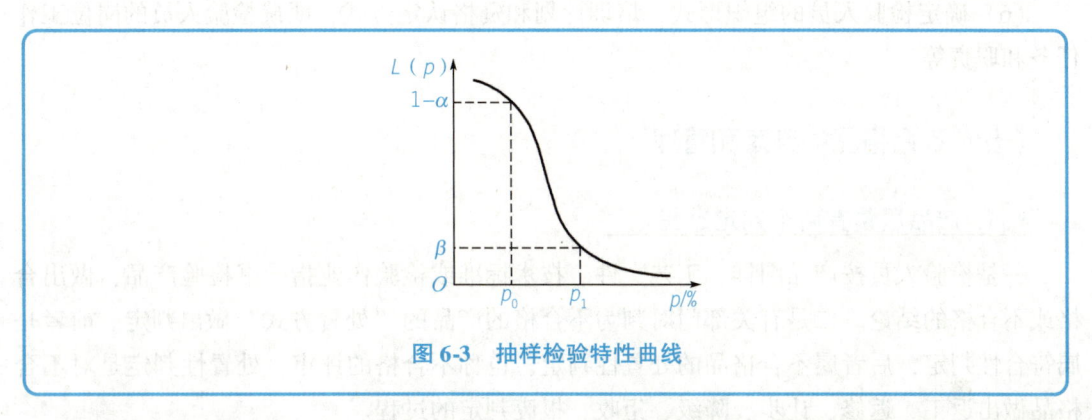

图 6-3 抽样检验特性曲线

抽样检验的目的是"通过样本推断总体"，而其期望则在于"用尽量少的样本量来尽可能准确地判定总体（批）的质量"。而欲达到这一目的和期望，传统的"百分比抽样"是不科学、不合理的，通过多年来的理论研究和实践证明，只有采用"统计抽样检验"才能保证科学、合理地实现这一目的和期望。

（4）完工检验。

完工检验是对该工序已经全部加工结束后的半成品或完工零件所进行的检验。完工检验除按规定要求检验外，还要检查是否所有的工序都已全部完工，有否漏掉一道或几道加工的零件混在其中。

3. 最终检验

最终检验也叫成品检验，是指产品的全部零部件加工完成并已组装成成品所进行的检验。成品检验和试验是全面考核产品质量是否符合规定要求的重要手段，为最终产品提供符合质量要求的证据。成品检验的对象是已按规定完成进货检验、过程检验并合格的产品。成品检验和试验原则是：未经最终检验和试验或经检验不合格的产品不准出厂和销售。

（四）质量检验计划

质量检验计划就是对检验涉及的活动、过程和资源及相互关系做出的规范化的书面规定，它以书面形式告诉检验人员为什么要检验，检验什么项目，采用什么方法，何时、何地、何人进行检验，如何分析判断等，用于指导检验活动正确、有序、协调地进行。

质量检验计划编制一般以质量检验部门为主，设计、工艺部门参与进行，包括如下内容：

（1）设计检验流程图。

（2）合理设置检验站（点）。

（3）产品不合格严重性分级。

（4）编制检验指导书。

（5）编制监视和测量设备明细表，提出补充配置计划。

（6）确定检验人员的组织形式、培训计划和资格认定方式，明确检验人员的岗位工作任务和职责等。

（五）不合格品的判定和管理

1. 产品质量有两个判定过程

一是检验人员按产品图样、工艺文件、技术标准或检验作业指导书检验产品，做出合格或不合格的结论。二是有关部门对判为不合格的产品的"处置方式"做出判定。前者是属符合性判定，后者属不合格品的处置性判定，也称不合格的评审。处置性判定是对不合格品做出返工、返修、让步、降级、拒收、报废判定的过程。

2. 产品质量的符合性判定

一般不要求检验人员承担处置不合格品的责任和拥有相应的权限。

3. 不合格品的评审判定

评审判定是一项技术性很强的工作，应根据产品未满足规定的质量特性重要性、质量特性偏离规定要求的程度和对产品质量影响的程度制定分级处置程序，规定评审的级别（如按不合格A、B、C分类）和职责。

4. 不合格品的标识和隔离

对鉴别出的不合格品，要及时做出不合格的标识，同时对该不合格品进行隔离存放，以防止误用。标识形式可采用色标、票签、文字、印记等。

5. 隔离存放

隔离存放要做到以下几点：

（1）检验部门所属各检验站（组）应设有不合格品隔离区或隔离箱。

（2）及时或定期组织有关人员对不合格品进行评审和处置。

（3）应对隔离的不合格品进行管理，严禁私自动用，若私自动用检验人员有权制止、追查、上报。

（4）不合格品的处置作业人员自检发现的不合格品和检验人员检出的不合格品，均应通过不合格品评审，确定处置方式。

四、能力训练

（1）以某虚拟电动工具公司名义对同学进行分组，组成质量检验组。

（2）编制检查表，了解产品不合格严重性分级原则，学习不合格品的控制方法。通过多个典型案例分析学习明确编写电钻产品进厂检验指导书（卡）和电钻不合格分级指导书的方法。

（3）明确质量检验计划安排的步骤和内容。

（4）理解进货检验；过程检验；最终检验；不合格品控制等工作任务，掌握检验计划编制、检验指导书编制和不合格品的控制要求。

五、应知应会

（一）单项选择题

（1）准确的"检验"定义是（　　）。

　　A. 通过测量和试验判断结果的符合性

　　B. 记录检查、测量、试验的结果，经分析后进行判断和评价

　　C. 通过检查、测量进行符合性判断和评价

　　D. 通过观察和判断，适当时结合测量、试验进行符合性评价

（2）产品验证中所指的"客观证据"是（　　）。

　　A. 产品说明

　　B. 产品质量检验记录

　　C. 技术标准

　　D. 产品贷方的发货单

（3）（　　）是机械产品的特点。

　　A. 材料微观组成及性能构成零件重要的内在质量

　　B. 具有结构整体的均匀性

　　C. 都要使用电能

　　D. 无法计算产品个数

（4）正确的"不合格品"定义是（　　）。

　　A. 经检查确认质量特性不符合规定要求的产品

　　B. 经检查需确认质量特性是否符合规定要求的产品

　　C. 经检验确认质量特性不符合规定要求的产品

　　D. 经检验尚未确认质量特性的产品

(5) 以下检验方法中（　　）不是化学检验。

　　A. 重量分析法　　B. 仪器分析法　　C. 探伤分析法　　D. 滴定分析法

(6) （　　）不是机械产品的检验方法。

　　A. 功能试验　　　　　　　　　B. 人体适应性试验

　　C. 环境条件试验　　　　　　　D. 电磁兼容性试验

(7) 从安全性角度看电工产品的特点是（　　）。

　　A. 要大量使用绝缘材料　　　　B. 必须利用电能

　　C. 结构越简单、越小，性能越好　D. 产品核心部分不要带电

(8) 电工电子产品试验方法中（　　）不属于环境试验方法。

　　A. 用物理和化学方法加速进行试验的方法

　　B. 暴露自然条件下试验的方法

　　C. 放置于使用现场进行试验的方法

　　D. 放置于人工模拟环境试验的方法

(9) 根据 GB/T 1900－2008 标准，不合格的定义是（　　）。

　　A. 未达到要求　　　　　　　　B. 未达到规定要求

　　C. 未满足要求　　　　　　　　D. 未满足规定要求

(10) 对纠正措施的正确理解应是（　　）。

　　A. 把不合格品返工成为合格品采取的措施

　　B. 把不合格品降级使用而采取的措施

　　C. 为消除已发现的不合格原因而采取的措施

　　D. 为消除已发现的不合格品而采取的措施

(11) 对待不合格品返工返修后检验问题，正确的做法是（　　）。

　　A. 不合格品返工后仍不合格，所以不需重新进行检验

　　B. 不合格品返工后成了合格品，所以不需要再进行检验

　　C. 返修后还是不合格品，所以不需要再进行检验

　　D. 返工后不管是否合格都需要重新进行检验

(12) 生产企业中有权判定产品质量是否合格的专门机构是（　　）。

　　A. 设计开发部门　　　　　　　B. 工艺技术部门

　　C. 质量检验部门　　　　　　　D. 质量管理部门

(13) 实验室的质量管理体系是否有效、完善，反映出实验室的（　　）。

　　A. 规模大小　　　　　　　　　B. 工作范围

　　C. 质量保证能力　　　　　　　D. 知名度

（二）名词解释

(1) 检验。

(2) 抽样检验。

(3) 成品检验。

六、项目评价

学习与工作任务过程评价自评见表6-1。

表6-1　学习与工作任务过程评价自评

班级		姓名		学号		日期	年　月　日		
评价指标	评价要素				权重	等级评定			
						A	B	C	D
信息检索	能有效利用网络资源、工作手册查找有效信息				5%				
	能用自己的语言有条理地解释、表述所学知识				5%				
	能将查找到的信息有效转换到工作中				5%				
感知工作	熟悉你的工作岗位，认同工作价值				5%				
	在工作中，获得满足感				5%				
参与状态	与教师、同学之间相互尊重、理解、平等				5%				
	与教师、同学之间能够保持多向、丰富、适宜的信息交流				5%				
	探究学习、自主学习不流于形式，处理好合作学习和独立思考的关系，做到有效学习				5%				
	能提出有意义的问题或能发表个人见解；能按要求正确操作；能够倾听、协作分享				5%				
	积极参与，在学习与工作过程中不断学习，综合运用信息技术的能力提高很大				5%				
学习方法	工作计划、操作技能符合规范要求				5%				
	获得了进一步发展的能力				5%				
工作过程	遵守管理规程，操作过程符合现场管理要求				5%				
	平时上课的出勤情况和每天完成工作任务情况				5%				
	善于多角度思考问题，能主动发现、提出有价值的问题				5%				
思维状态	能发现问题、提出问题、分析问题、解决问题、创新问题				5%				
自评反馈	按时按质完成工作任务				5%				
	较好地掌握了专业知识点				5%				
	具有较强的信息分析能力和理解能力				5%				
	具有较为全面严谨的思维能力并能条理明晰表述成文				5%				
自评等级									
有益的经验和做法									
总结反思建议									
等级评定	A：很满意；B：比较满意；C：一般；D：有待提高								

学习与工作任务过程评价互评见表6-2。

表6-2 学习与工作任务过程评价互评

班级		姓名		学号		日期	年 月 日
评价指标	评价要素				权重	等级评定 A B C D	
信息检索	能有效利用网络资源、工作手册查找有效信息				5%		
	能用自己的语言有条理地解释、表述所学知识				5%		
	能将查找到的信息有效转换到工作中				5%		
感知工作	熟悉自己的工作岗位，认同工作价值				5%		
	在工作中，获得满足感				5%		
参与状态	与教师、同学之间是否相互尊重、理解、平等				5%		
	与教师、同学之间是否能够保持多向、丰富、适宜的信息交流				5%		
	能处理好合作学习和独立思考的关系，做到有效学习				5%		
	能提出有意义的问题或能发表个人见解；能按要求正确操作；能够倾听、协作分享				10%		
	积极参与，在学习工作过程中不断学习，综合运用信息技术的能力提高很大				10%		
学习方法	工作计划、操作技能符合规范要求				5%		
	获得了进一步发展的能力				5%		
工作过程	遵守管理规程，操作过程符合现场管理要求				5%		
	平时上课的出勤情况和每天完成工作任务情况				5%		
	善于多角度思考问题，能主动发现、提出有价值的问题				5%		
思维状态	能发现问题、提出问题、分析问题、解决问题、创新问题				5%		
自评反馈	能严肃认真地对待自评，并能独立完成自测试题				10%		
互评等级							
简要评述							
等级评定	A：很满意；B：比较满意；C：一般；D：有待提高						

项目七

质量现场 5S 管理

做一件事情，有时非常顺利，然而有时却非常棘手，这就需要 5S 来帮助分析、判断、处理所存在的各种问题。实施 5S，能为企业带来巨大的好处，可以改善企业的品质、提高生产力、降低成本，确保准时交货，同时还能确保安全生产，保持和不断增强员工们高昂的士气。

企业有人、物、事三方面安全的三安原则，才能确保安全生产并能保持员工们高昂的士气。一个生产型的企业，人员的安全受到威胁，生产的安全受到影响，物品的安全受到影响，那么人心就会惶惶不安，员工就会大量流失，就会影响到企业的生产、经营及经济效率，使企业严重地缺乏甚至根本没有凝聚力和向心力，如同一盘散沙，导致企业濒临破产，甚至分崩离析。因此，一个企业要想改善和不断地提高企业形象，就必须推行 5S 管理。

知识目标

1. 掌握现场 5S 的管理内容。
2. 掌握现场 5S 的管理步骤。

能力目标

1. 能将 5S 运用到实际的生产工作中。
2. 能使用 5S 判断现场的质量效果。

情感目标

1. 培养学生养成良好的现场质量习惯。
2. 提高学生在未来企业岗位应具备的职业素养。

项目七

一、典型案例

C 集团的 5S 成功之路

某著名集团（以下简称 C 集团），为了进一步夯实内部管理基础、提升人员素养，希望借助专业顾问公司全面提升现场水平。集团领导审时度势，认识到要让企业走向卓越，必须从简单的 5S 抓起。

通过现场诊断发现，C 集团经过多年现场管理的提升，管理基础扎实，某些项目（如质量方面）处于国内领先地位。现场问题主要体现为三点：

（1）工艺技术方面较为薄弱。现在是传统的流水线大批量生产，工序间存在严重的不平衡，现场堆积了大量半成品，生产效率与国际一流企业相比，存在较大的差距。

（2）忽略细节。在现场随处可以见到物料、工具、搁置车辆、手套、零件，员工熟视无睹。

（3）缺乏团队精神和跨部门协作。部门之间的工作存在大量的互相推诿、扯皮现象，工作更缺乏主动性，都是被动的等、靠、要。

企业老总就现场情况提出了"5S 管理升级方案"，具体列出了以下要求：

（1）推行全员的 5S 培训，结合现场指导和督察考核，从根本上杜绝随手、随心、随意的不良习惯。

（2）成立跨部门的专案小组，对现存的跨部门问题登记并专项解决；在解决过程中梳理矛盾关系，确定新的流程，防止问题重复发生。

集团从人员意识着手，在全集团内大范围开展培训，结合各种宣传活动，营造了良好的 5S 氛围，然后从每一扇门、每一扇窗、每一个工具柜、每一个抽屉开始指导，逐步由里到外、由上到下、由难到易，经过一年多的全员努力，5S 终于在 C 集团每个员工心里生根、发芽，结出了丰硕的成果。

项目收益：

①经过一年多的全员努力，现场的脏乱差现象得到了彻底的改善，营造了一个明朗温馨、活泼有序的生产环境，增强了全体员工的向心力和归属感。

②员工从不理解到理解，从要我做到我要做，逐步养成了事事讲究、事事做到最好的良好习惯。

③在一年多的推进工作中，从员工到管理人员都得到了严格的考验和锻炼，造就了一批能独立思考、能从全局着眼、善于具体着手的改善型人才，从而满足企业进一步发展的需要。

④配合 C 集团的企业愿景，夯实了基础，提高了现场管理水平，塑造了公司良好的社会形象，最终达到了提升人员品质的目的。

交流讨论：C 集团的 5S 管理之所以能取得如此成效，主要应该归功于什么？现代企业该如何借鉴？

二、任务布置

模拟某企业为了提高形象、减少故障、加强安全、改善企业的精神面貌并形成良好的企业文化，决定实施 5S 管理。

将学生分为 4 个小组，对某企业进行 5S 现场分析，形成《5S 现场管理内容调查表》《5S 现场管理诊断表》《5S 现场管理解决方案》和《5S 实施项目收益前后对比》。

三、相关知识

制造业管理工作的大头在生产，投入最多、员工最多、出现的问题最多、处理的难度最大。很多企业都规定了机关人员定期下现场的要求，以期及时处理冒出来的问题。5S 起源于 20 世纪 50 年代的日本，是指在生产现场中对人员、机器、材料、方法等生产要素进行有效的管理，这是日本企业独特的管理办法。

随着世界经济的发展，5S 已经成为工厂管理的一股新潮流。5S 广泛应用于制造业、服务业等，其改善了现场环境的质量和员工的思维方法，使企业能有效地迈向全面的管理。主要针对制造业，在生产现场对材料、设备、人员等生产要素开展相应活动，根据企业进一步发展的需要，有的企业在 5S 的基础上增加了安全，形成了"6S"。图 7-1 所示为 5S 现场管理的车间。

图 7-1 5S 现场管理的车间

（一）5S 管理简介

5S 是指整理（Seiri）、整顿（Seiton）、清扫（Seiso）、清洁（Seiketsu）、素养（Shitsuke）5 个项目，因日语的罗马拼音均为"S"开头，所以简称为 5S。近年来，随着人们对这一活动的不断深入认识，有人又添加了"坚持、习惯"两项内容，分别为 6S 和 7S 活动。

整理（Seiri）：工作现场，区别要与不要的东西，只保留有用的东西，撤除不需要的东西。

整顿（Seiton）：把要的东西，按规定位置摆放整齐并做好标识进行整理。

清扫（Seiso）：将不需要的东西清除掉，保持工作现场无垃圾、无污秽状态。

清洁（Seiketsu）：维持以上整理、整顿、清扫后的局面，使工作人员觉得整洁、卫生。

素养（Shitsuke）：通过进行上述 4S 的活动，让每个员工都自觉遵守各项规章制度，养成良好的工作习惯，做到"以厂为家、以厂为荣"的地步。

（二）5S 之间的关系

5S 关系如图 7-2 所示。

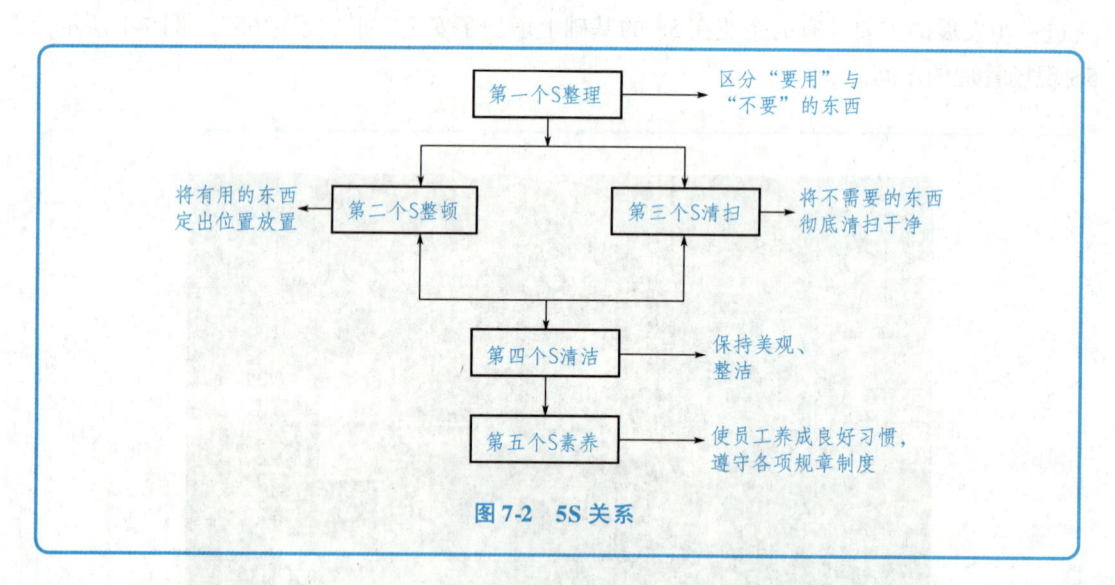

图 7-2　5S 关系

（三）推行 5S 的理由、作用及目的

1. 推行 5S 的理由

实践证明 5S 推行不良，会产生下列不良后果：

(1) 影响人们的工作情绪。
(2) 造成职业伤害，发生各种安全事故。
(3) 降低设备的精度及使用寿命。
(4) 由于标识不清而造成误用。
(5) 影响工作和产品质量。

2. 推行 5S 管理的作用

(1) 提供一个舒适的工作环境。
(2) 提供一个安全的作业场所。
(3) 塑造一个企业的优良形象，提高员工工作热情和敬业精神。
(4) 稳定产品的质量水平。
(5) 提高工作效率、降低消耗。
(6) 增加设备的使用寿命，减少维修费用。

3. 推行 5S 管理的八大目的

(1) 改善和提高企业形象。

整齐、整洁的工作环境，容易吸引顾客，让顾客心情舒畅；同时，由于口碑的相传，企业会成为其他公司的学习榜样，从而能大大提高企业的威望。

(2) 促成效率的提高。

良好的工作环境和工作氛围，再加上很有修养的合作伙伴，员工们可以集中精神，认认真真地干好本职工作，必然就能大大地提高效率。试想，如果员工们始终处于一个杂乱无序的工作环境中，情绪必然就会受到影响。情绪不高，干劲不大，又哪来的经济效益？因此，推动 5S 是促成效率提高的有效途径之一。

(3) 改善零件在库周转率。

需要时能立即取出有用的物品，供需间物流通畅，就可以极大地减少那种寻找所需物品时所滞留的时间，因此，能有效地改善零件在库房中的周转率。

(4) 减少直至消除故障，保障品质。

优良的品质来自优良的工作环境。工作环境只有通过经常性的清扫、点检和检查，不断地净化工作环境，才能有效地避免污损东西或损坏机械，维持设备的高效率，提高生产品质。

(5) 保障企业安全生产。

整理、整顿、清扫，必须做到储存明确，东西摆在定位上物归原位，工作场所内都应保持宽敞、明亮，通道随时都是畅通的，地上不摆设不该放置的东西，工厂有条不紊，意外事件的发生自然就会相应地大为减少，当然安全就会有了保障。

(6) 降低生产成本。

一个企业通过实行或推行 5S，它就能极大地减少人员、设备、场所、时间等这几个方面的浪费，从而降低生产成本。

93

(7) 改善员工的精神面貌，使组织活力化。

可以明显地改善员工的精神面貌，使组织焕发一种强大的活力。员工都有尊严和成就感，对自己的工作尽心尽力，并带动改善意识形态。

(8) 缩短作业周期，确保交货。

推动5S，通过实施整理、整顿、清扫、清洁来实现标准的管理，企业的管理就会一目了然，使异常的现象很明显化，人员、设备、时间就不会造成浪费。企业生产能相应地非常顺畅，作业效率必然就会提高，作业周期必然相应地缩短，确保交货日期万无一失。

（四）推行5S的实现手法

1. 手法一：看板管理

看板管理可以使工作现场人员能一眼就知道何处有什么东西、有多少数量，同时亦可将整体管理的内容、流程以及订货、交货日程与工作排程制作成看板，使工作人员易于了解，以进行必要的作业。图7-3 所示为5S管理看板。

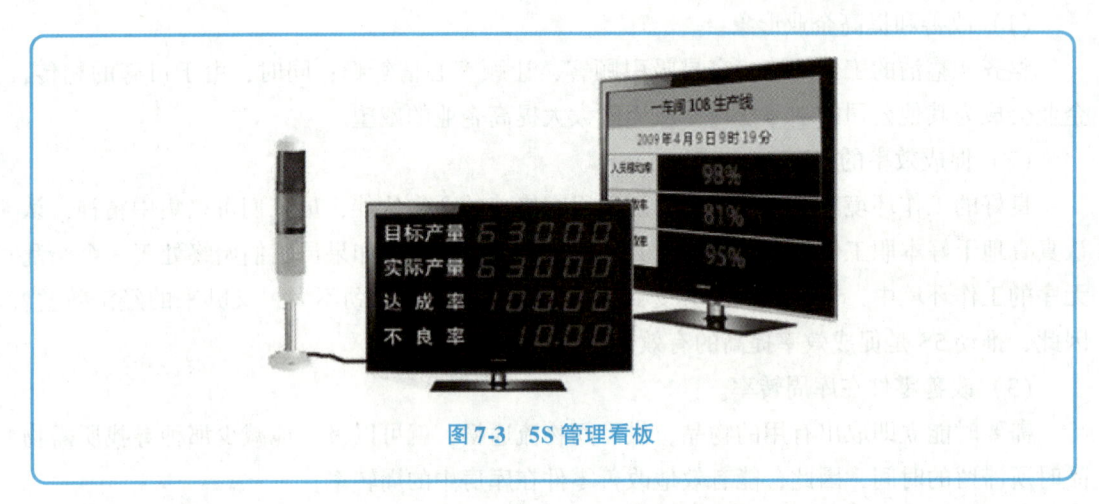

图7-3　5S管理看板

需要说明的是，各企业情况不同，需要根据自己生产的需求，选择适合自己的看板系统。

2. 手法二：定点照相

所谓定点照相，就是对同一地点，面对同一方向，进行持续性的照相，其目的就是把现场不合理现象，包括作业、设备、流程与工作方法予以定点拍摄，并且进行连续性改善的一种手法。

3. 手法三：红单作战

红单作战即使用红牌子，使工作人员都能一目了然地知道工厂的缺点在哪里的整理方式，而贴红单的对象，包括库存、机器、设备及空间，使各级主管能一眼看出什么东西是必需品，什么东西是多余的。

4. 手法四：颜色管理

颜色管理就是运用工作者对色彩的分辨能力和特有的联想力，将复杂的管理问题，简化成不同色彩，区分不同的程度，以直觉与目视的方法，来呈现问题的本质和问题改善的情况，使每一个人对问题有相同的认识和了解。

5. 手法五：5S 巡检系统

5S 巡检系统是为制造业企业彻底贯彻 5S 管理而开发的一套包含硬件在内的一体化解决方案，使 5S 管理的实施更为系统化、标准化，同时也进一步提高当前 5S 巡检的效率，并为 5S 的有效实施提供更为有力的系统保证。

5S 巡检系统流程如图 7-4 所示。

系统说明：

（1）用户在管理端软件，定义相应的检测区域、检查点、检测项目等内容。

（2）巡检仪可通过网络从管理端下载相应的检查内容。

（3）操作人员手持巡检仪，根据巡检路线进行检测。

（4）每个巡检点都标志有相应的 ID 卡，巡检人员刷卡，记录检查的时间，并自动调出相应的检查项目。

（5）检查完毕后，操作人员将数据通过网络上传到系统数据库中。

（6）在系统软件中，对不合格项，系统将通过邮件发送到相关的 5S 负责人邮箱中。

（7）系统可生成 5S 巡检日报表及汇总的趋势图等报表。

（8）对不合格项目，系统将对改善措施及纠正的流程进行记录跟踪并记录在系统中。

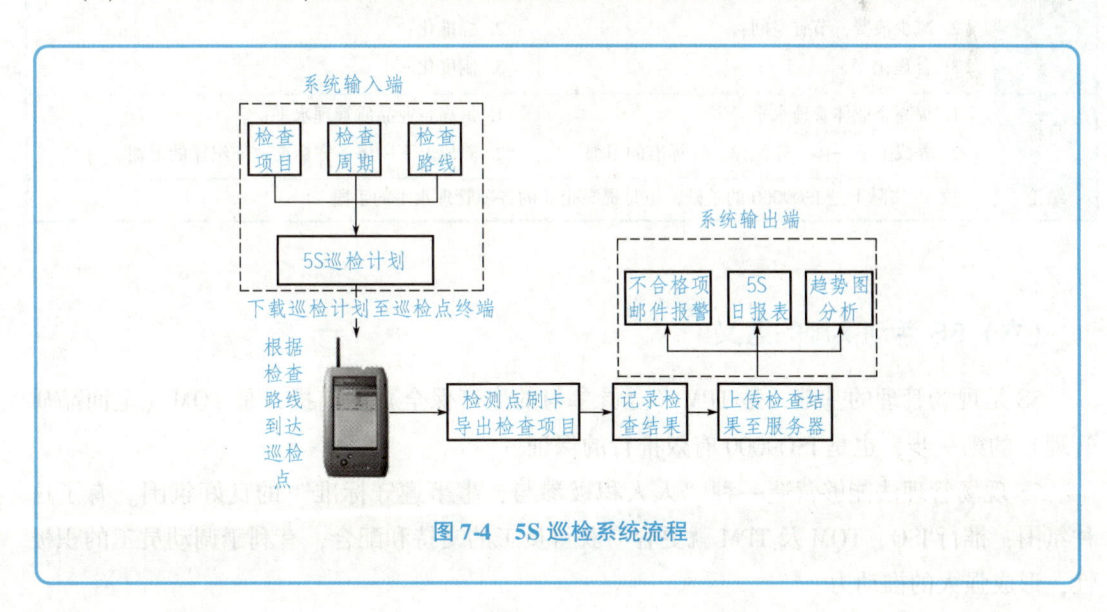

图 7-4　5S 巡检系统流程

（五）5S 与质量体系之间的关系

5S 与 ISO9000 关系见表 7-1。

表 7-1　5S 与 ISO9000 关系

项目	5S	ISO9000
内容	整理、整顿、清扫、清洁、素养	ISO9001、ISO9002、ISO9003
方法	合理化过程	制度化过程
材料	整理、整顿 使用整理的手段与整顿的观点可达到： 1. 减少库存，增加资金周转率； 2. 先进先出，减少废料； 3. 明确管理责任	物料管制与追溯性 使用物料管制程序，配合识别系统，可达到： 1. 控制不合格材料； 2. 使材料易于追溯； 3. 明确管理责任
成品	整理、整顿 使用整理的手段与整顿的观念可达到： 1. 明确管理责任； 2. 提高生产效率； 3. 提高管理水平	首件检查、现场管理等控制程序及追溯性 首件检查，现场管理等控制程序及追溯性，使用各项控制程序及识别系统，可达到： 1. 明确管理责任； 2. 维持过程品质的稳定性； 3. 提高现场管理水平
文件	整理、整顿 1. 提高文件作业效率； 2. 减少浪费，节省空间； 3. 合理化	文件控制程序 1. 提高文件作业效率； 2. 标准化； 3. 制度化
目标	1. 提高企业体管理水平； 2. 养成上下一体、守纪律、守标准的习惯	1. 提高企业品质管理水平； 2. 养成上下一体、守标准、守纪律的习惯
结论	故 5S 实际上是 ISO9000 的基础，也是提高企业的各项管理水平的手段	

（六）5S 活动实施的意义

5S 是现场管理的基础，是 TPM（全员参与的生产保全）的前提，是 TQM（全面品质管理）的第一步，也是 ISO9000 有效推行的保证。

5S 现场管理法能够营造一种"人人积极参与，事事遵守标准"的良好氛围。有了这种氛围，推行 ISO、TQM 及 TPM 就更容易获得员工的支持和配合，有利于调动员工的积极性，形成强大的推动力。

5S 是现场管理的基础，5S 水平的高低代表着管理者对现场管理认识的高低，这又决定了现场管理水平的高低，而现场管理水平的高低，制约着 ISO、TPM、TQM 活动能否顺利、有效地推行。

通过 5S 活动，从现场管理着手改进企业的"体质"，则能起到事半功倍的效果。

四、能力训练

如果你是某公司的品质保证人员，该公司存在如下情况，迫切需要改进：

（1）班、组长等管理者凭主观发挥来指导工作，严重破坏员工士气。

（2）质检不规范，致使员工工作效率低、品质下降。

（3）车间地/物明朗化差，难以提高员工生产效率，加重生产成本。

（4）人员培训工作不规范，严重影响品质，导致延误交期甚至出现安全问题。

公司领导指示你：针对公司存在的现实情况，按照 5S 管理的要求，对公司的现场管理做一个规划，写出现状调查报告，分析形成的原因，提出解决方案并组织实施，做好 5S 改进前后企业收益对比。

各小组按照分工，提交完整的 Word 文档和简要演示文档。

小组演示汇报，每组不超过 10 min。

五、应知应会

（一）单项选择题（每题的备选项中，只有一个最符合题意）

（1）5S 起源于（　　）。

    A. 20 世纪 50 年代日本　　　　　B. 20 世纪 60 年代美国

    C. 20 世纪 80 年代中国　　　　　D. 20 世纪 40 年代英国

（2）关于整理的定义，正确的是（　　）。

    A. 将所有的物品重新摆过

    B. 将物品分区摆放，同时做好相应的标识

    C. 将工作场所内的物品分类，并把不要的物品清理掉，将生产、工作及生活场所打扫干净

    D. 区别要与不要的东西，工作场所除了要的东西外，一切都不放置

（3）整理是根据物品的（　　）来取舍。

    A. 购买价值　　　　　　　　　　B. 使用价值

    C. 是否占空间　　　　　　　　　D. 是否能卖好价钱

（4）整顿中的"三定"是指（　　）。

    A. 定点、定方法、定标示　　　　B. 定点、定容、定量

    C. 定容、定方法、定量　　　　　D. 定点、定人、定方法

（5）公司需要整顿的地方是（　　）。

    A. 工作现场　　B. 办公室　　C. 公司每个地方　　D. 仓库

项目七

（6）5S 的理想目标是（　　）。
　　A. 人人有素养　　B. 地、物干净　　C. 工厂有制度　　D. 生产效率高
（7）5S 和产品质量的关系是（　　）。
　　A. 工作方便　　　　　　　　　　B. 改善品质
　　C. 增加产量　　　　　　　　　　D. 没有多大的关系
（8）公司的 5S 应该（　　）。
　　A. 5S 是日常工作的一部分，靠大家持之以恒做下去
　　B. 做四个月就可以了
　　C. 第一次有计划地大家做，以后靠领导做
　　D. 车间做就行了
（9）我们对 5S 应有的态度是（　　）。
　　A. 口里应付，做做形式　　　　　B. 积极参与行动
　　C. 事不关己　　　　　　　　　　D. 看别人如何行动再说
（10）5S 活动是一项（　　）工作。
　　A. 暂时的　　B. 流动的　　C. 持久的　　D. 时尚的

（二）判断题

（1）5S 起源与日本，并在世界各地广泛推广。　　　　　　　　　　（　　）
（2）5S 管理可以提高公司形象以及有安全保障。　　　　　　　　　（　　）
（3）开展 5S 活动，持之以恒是关键。　　　　　　　　　　　　　　（　　）
（4）工作中的常用品，即每天用或隔几天就使用一次的物品，处理方法：整理好，放在指定区域或位置。　　　　　　　　　　　　　　　　　　　　　　　　（　　）
（5）这些物品是什么，保洁员清楚就行了，标识与否没关系。　　　（　　）
（6）常年养成的工作习惯虽然不合理，但容易工作，不必用公司的规则、制度来约束。
　　　　　　　　　　　　　　　　　　　　　　　　　　　　　　　（　　）
（7）整顿的三要素：场所、方法、标识。　　　　　　　　　　　　（　　）

（三）简答题

（1）简述 5S 之间的关系。
（2）质量管理人员在 5S 推行过程中应做些什么？（可结合企业某个人岗位进行论述）

六、项目评价

学习与工作任务过程评价自评见表7-2。

表7-2　学习与工作任务过程评价自评

班级		姓名		学号		日期	年　月　日		
评价指标	评价要素				权重	等级评定			
						A	B	C	D
信息检索	能有效利用网络资源、工作手册查找有效信息				5%				
	能用自己的语言有条理地解释、表述所学知识				5%				
	能将查找到的信息有效转换到工作中				5%				
感知工作	熟悉你的工作岗位，认同工作价值				5%				
	在工作中，获得满足感				5%				
参与状态	与教师、同学之间相互尊重、理解、平等				5%				
	与教师、同学之间能够保持多向、丰富、适宜的信息交流				5%				
	探究学习、自主学习不流于形式，处理好合作学习和独立思考的关系，做到有效学习				5%				
	能提出有意义的问题或能发表个人见解；能按要求正确操作；能够倾听、协作分享				5%				
	积极参与、在学习与工作过程中不断学习，综合运用信息技术的能力提高很大				5%				
学习方法	工作计划、操作技能符合规范要求				5%				
	获得了进一步发展的能力				5%				
工作过程	遵守管理规程，操作过程符合现场管理要求				5%				
	平时上课的出勤情况和每天完成工作任务情况				5%				
	善于多角度思考问题，能主动发现、提出有价值的问题				5%				
思维状态	能发现问题、提出问题、分析问题、解决问题、创新问题				5%				
自评反馈	按时按质完成工作任务				5%				
	较好地掌握了专业知识点				5%				
	具有较强的信息分析能力和理解能力				5%				
	具有较为全面严谨的思维能力并能条理明晰表述成文				5%				
自评等级									
有益的经验和做法									
总结反思建议									
等级评定	A：很满意；B：比较满意；C：一般；D：有待提高								

学习与工作任务过程评价互评见表7-3。

表7-3　学习与工作任务过程评价互评

班级		姓名		学号		日期		年　月　日	
评价指标	评价要素				权重	等级评定			
						A	B	C	D
信息检索	能有效利用网络资源、工作手册查找有效信息				5%				
	能用自己的语言有条理地解释、表述所学知识				5%				
	能将查找到的信息有效转换到工作中				5%				
感知工作	熟悉自己的工作岗位，认同工作价值				5%				
	在工作中，获得满足感				5%				
参与状态	与教师、同学之间相互尊重、理解、平等				5%				
	与教师、同学之间能够保持多向、丰富、适宜的信息交流				5%				
	能处理好合作学习和独立思考的关系，做到有效学习				5%				
	能提出有意义的问题或能发表个人见解；能按要求正确操作；能够倾听、协作分享				10%				
	积极参与，在学习工作过程中不断学习，综合运用信息技术的能力提高很大				10%				
学习方法	工作计划、操作技能符合规范要求				5%				
	获得了进一步发展的能力				5%				
工作过程	遵守管理规程，操作过程符合现场管理要求				5%				
	平时上课的出勤情况和每天完成工作任务情况				5%				
	善于多角度思考问题，能主动发现、提出有价值的问题				5%				
思维状态	能发现问题、提出问题、分析问题、解决问题、创新问题				5%				
自评反馈	能严肃认真地对待自评，并能独立完成自测试题				10%				
互评等级									
简要评述									
等级评定	A：很满意；B：比较满意；C：一般；D：有待提高								

项目八

质量改进管理

持续改进是企业永恒的主题，运用适当的工具和技术，有助于提高质量改进项目的成功率。再有实力的企业如果不能不断有效地改进自己的工作，都将像妇孺皆知的故事"龟兔赛跑"中那只高傲自负、不思进取的兔子一样，被自己那原本可怜的对手赶上甚至超越。

持续质量改进的流程一般为：发现问题、成立改进小组、明确现行流程和规范、出现问题的根本原因分析、选择可改进的流程。

本项目通过对质量改进概念、改进对象的选择，质量改进程序和质量改进工具与技术的学习，使学生初步了解质量改进的目的、意义，了解质量改进的实施步骤，具有完成质量数据收集、整理能力，具备质量改进分析和报告的能力。

知识目标

1. 了解质量改进的概念及意义。
2. 了解指导质量改进活动的标准。
3. 理解职工参与质量改进活动的必要性。
4. 掌握质量改进的工作方法、步骤和工具。
5. 掌握质量改进工作的策划与组织的方法。

能力目标

1. 能解释质量改进的目的。
2. 能写出质量改进的要点。
3. 能运用质量改进管理工具。

情感目标

1. 培养学生追求卓越，持续改进的职业素养。
2. 提高学生的敬业精神和合作的态度。

一、典型案例

割草的男孩

一个替人割草打工的男孩打电话给一位陈太太说:"您需不需要割草?"

陈太太回答说:"不需要了,我已经有了割草工。"

男孩又说:"我会帮您拔掉花丛中的杂草。"

陈太太回答:"我的割草工也做了。"

男孩又说:"我会帮您把草与走道的四周割齐。"

陈太太说:"我请的那人也已做了,谢谢你,我不需要新的割草工人。"

男孩便挂了电话,此时男孩的室友问他说:"你不是就在陈太太那割草打工吗?为什么还要打这电话?"

男孩说:"我只是想知道我做得有多好!"

交流讨论: 这个男孩为何要这么做呢?

(1) 这个故事反映了ISO的第一个思想,即以顾客为关注焦点,不断地探询顾客的评价,我们才有可能知道自己的长处与不足,然后扬长避短,改进自己的工作质量,牢牢的抓住顾客。

(2) 这也是质量管理八项原则中的第6条"持续改进"思想的实际运用的一个例子。我们每个员工是否也可结合自己的岗位工作,做一些持续改进呢?

(3) 不光是营销人员,所有的员工都可以做到让顾客满意。对于营销人员来说这样做可以得到忠诚度极高的顾客;对于我们每个职能部门员工来说,只有时刻关注我们的"顾客(服务对象)",工作质量才可以不断改进。

(4) 这也是沟通的问题。一个人想得到公正、客观的评价真的好难。这个故事是否为我们提供了一个好的方法呢?

二、任务布置

本任务结合某电器产品设计开发过程中质量改进工具应用的典型案例进行分析讨论,使学生进一步了解质量改进对象选择方法,了解质量改进的实施步骤,初步掌握质量改进一般工具的使用,具备完成质量数据收集、整理和初步分析能力;具备运用质量改进工具进行质量改进分析能力;能进行统计技术初步应用,总结出质量改进报告进行汇报。

三、相关知识

2000版ISO9000族标准对质量改进(Quality Improvement)下的定义是:质量管理的

一部分，致力于增强满足质量要求的能力。

（一）质量改进

质量改进是质量指挥和控制企业协调活动中的一部分，其要求是多方面的，具有有效性（Effectiveness）、效率（Efficiency）、可追溯性（Traceability）。

质量改进包括产品质量改进、过程质量改进、体系质量改进、增强顾客满意、提高质量经济效益等。

1. 质量改进的对象

它包括产品（或服务）质量以及与它有关的工作质量，也就是通常所说的产品质量和工作质量两个方面。

2. 质量改进的效果在于"突破"

朱兰认为：质量改进的最终效果是按照比原计划目标高得多的质量水平进行工作。

3. 质量改进是一个变革的过程

质量改进是一个变革和突破的过程，该过程也必然遵循 PDCA 循环的规律。

此外，还要深刻理解"变革"的含义，变革就是要改变现状。改变现状就必然会遇到强大的阻力，这个阻力来自技术和文化两个方面。因此，了解并消除这些阻力，是质量改进的先决条件。

4. 偶发性缺陷与长期性缺陷

在质量管理过程中，既要及时排除产品的质量缺陷，又要保证产品质量的继续提高。注意偶然性质量缺陷和长期性质量缺陷。

5. 质量改进的意义

（1）质量改进有很高的投资收益率。

（2）可以促进新产品开发，改进产品性能，延长产品的寿命周期。

（3）通过对产品设计和生产工艺的改进，更加合理、有效地使用资金和技术力量，充分挖掘组织的潜力。

（4）提高产品的制造质量，减少不合格品的出现，实现增产增效的目的。

（5）通过提高产品的适应性，从而提高组织产品的市场竞争力。

（6）有利于发挥各部门的质量职能，提高工作质量，为产品质量提供强有力的保证。

6. 企业开展质量改进

（1）质量改进通过改进过程来实现。

（2）质量改进致力于经常寻求改进机会，而不是等待问题暴露后再去捕捉机会。

（3）对质量损失的考虑依据三个方面的分析结果：顾客满意度、过程效率和社会损失。

"质量是一种以最经济的手段，制造出市场上最有用的产品。"美国著名质量管理专家戴明博士认为，质量的改进应该是一种持续的过程，并且通过质量的改进，可以提高生产率，降低生产成本，进而以较低的价格和较高的质量获得顾客满意，从而保持市场份额，为社会提供更多的工作岗位。

（二）质量改进与质量控制、质量管理的关系

质量控制的目的是维持某一特定的质量水平，控制系统的偶发性缺陷；而质量改进则是对某一特定的质量水平进行"突破性"的变革，使其在更高的目标水平下处于相对平衡的状态。

由图 8-1 可知，质量控制是日常进行的工作，可以纳入"操作规程"中加以贯彻执行。质量改进则是一项阶段性的工作，达到既定目标之后，该项工作就完成了，通常它不能纳入"操作规程"，只能纳入"质量计划"中加以贯彻执行。

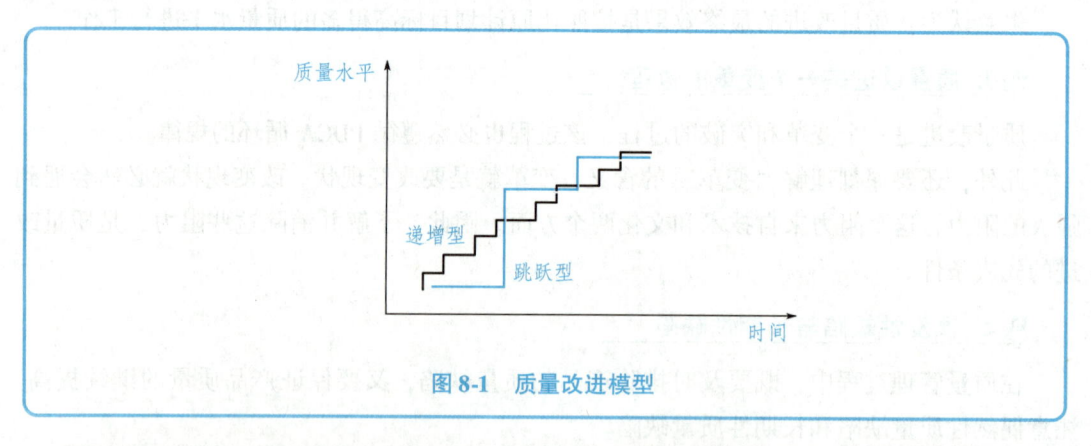

图 8-1 质量改进模型

质量管理包括质量改进，质量改进特指质量管理活动中与"增强满足质量要求的能力"有关的活动。质量改进和质量控制都是质量管理的一部分。质量控制强调"满足质量要求"，着眼于消除偶发性问题，使产品和体系保持既定的质量水平。质量改进强调增强能力，着眼于消除系统性问题，从而使质量水平在现有基础上得到提高。

（三）持续改进

增强满足要求能力的循环活动就是持续改进。持续改进属于质量改进，强调质量改进不是一次性的活动，而是长期的、一个阶段接着一个阶段的、持续的改进过程和活动。

由于质量最本质的含义是不断满足顾客的需求，而顾客的需求是随着社会的进步和科技的发展不断变化、提高，因此，对于一个组织而言，应当为对质量改进事业奋斗终身。

改进是指产品质量、过程及体系有效性和效率的提高，持续改进质量管理体系的目的在于增加顾客和其他相关方满意的机会。因此，在持续改进过程中，首先要关注顾客的需求，努力提供满足顾客的需求并争取超出其期望的产品。另外，一个组织必须建立起一种"永不满足"的组织文化，使得持续改进成为每个员工所追求的目标。

持续改进是一项系统工程，它要求组织从上到下都有这种不断进取的精神，而且需要各部门的良好协作和配合，使组织的目标与个人的目标相一致，这样才能使持续改进在组织内顺利推行。

持续改进应包括：

（1）分析和评价现状，识别改进区域。

（2）确定改进目标。

（3）寻找、评价和实施解决办法。

（4）测量、验证和分析结果，以确定改进目标的实现。

（5）正式采纳更改，并把更改纳入文件。

日语中有 KAIZEN 一词，已成为日本丰田生产方式的重要组成部分，在丰田汽车生产车间参观时，能见到一副对联：唯晓成事之规律，方持不灭之改善心。其实该句话反过来也是可行的。在微软也有一句名言：在我们这里，唯一不变的就是变化。

（四）质量改进的步骤、方法

质量改进的步骤是：

（1）选择课题。

（2）掌握现状。

（3）分析问题原因。

（4）拟定对策并实施。

（5）确认效果。

（6）防止再发生并标准化。

（7）总结。

改进的范围可从渐进的日常中持续改进，直至重大项目的战略改进。组织应建立识别和管理改进活动的过程。这些改进可能导致组织对产品或过程进行更改，直至对质量管理体系进行修正或对组织进行调整。

1. 纠正措施

组织应采取措施，以消除不合格的原因，防止再发生。纠正措施应与所遇到不合格的影响程度相适应。

最高管理者应确保将纠正措施作为一种改进的工具。纠正措施的策划应包括评价问题的重要性，并应根据对运作成本、不合格成本、产品性能、可信性、安全性及顾客和其他相关方满意等方面的潜在影响来评价。

为了寻求纠正措施，组织应确定信息的来源，收集信息以便确定须采取的纠正措施。纠正措施考虑的信息来源包括顾客抱怨、不合格报告、内部审核报告、管理评审的输出、数据分析的输出、满意程度测量的输出、有关质量管理体系的记录、组织的人员、过程测量和自我评价结果。

2. 预防措施

应编制形成文件的程序，以规定以下方面的要求：

（1）识别和确定潜在不合格及其原因。

（2）评价防止不合格发生的措施的需求。

（3）确定并实施所需的措施。

（4）跟踪并记录所采取措施的结果。

（5）评审所采取的预防措施的有效性，巩固有效的结果或继续改进活动直至取得有效的结果。

3. 组织的持续改进

（1）识别改进机会。

为使组织的人员积极参与，最高管理者应分配权限，使他们都得到授权并接受各自的职责，从而识别组织业绩改进的机会。

（2）提高改进的效果。

为了确定改进活动的结构，最高管理者应对持续改进的过程做出规定并予以实施，这样的过程适用于产品的实现和支持过程以及各项活动。

（3）支持改进的信息。

支持改进过程的输入可包括确认数据、生产量数据、试验数据、自我评价的数据、相关方明示的要求和反馈、组织的人员的经验、财务数据、产品性能数据以及服务提供数据等信息。

（五）戴明的持续改进观

1987年8月于美国召开的 Deming 国际学术研讨会上，W. E. Deming 博士以"迎接挑战，摆脱危机"为题重点阐述了著名的14条质量管理要点：

（1）要使产品具有竞争力并占领市场，应把改进产品和服务质量作为长期目标。

（2）提倡新的质量观念（新的哲学）——不能容忍粗劣的原料、不良的操作、有瑕疵的产品和松散的服务。

（3）消除依赖大量检查来保证质量——检验的滞后性，理解检验的目的在于改进流程并降低成本。

（4）采购、交易不应只注重价格——要有一个最小成本的全面考虑。

（5）持续不断地改善生产和服务系统——无论是采购、运输、工程、维修、销售、财务、人事、顾客服务及生产制造，都必须减少浪费和提高质量。

（6）实行更全面、更好的在职教育和培训——培训必须是有计划的且必须是建立在可接受的工作标准上，必须使用统计方法来衡量培训工作是否奏效。

（7）建立现代的督导方法——督导人员必须要让高层管理知道需要改善的地方，当知道之后，管理当局必须采取行动。

（8）排除恐惧，让每个人都能有效工作——所有员工必须有胆量发问、提出问题或表达意见。消除恐惧，建立信任，营造创新的氛围。

（9）拆除部门壁垒——每部门都不应只独善其身，而需要发挥团队精神，跨部门的质量活动有助于改善设计、服务、质量及成本，同时可以激发小组、团队和员工之间的努力意识。

（10）不搞流于形式的质量运动——取消主观的计量化目标。

（11）取消工作标准和数量化的定额——定额把焦点放在数量上，而非质量上。

（12）排除人们为其工作成果而自豪的障碍——任何导致员工失去工作尊严的因素必须消除。消除障碍，使员工找回因工作自豪的权利。

（13）鼓励自我改进，实施有力的继续教育和培训计划——由于质量和生产力的改善会导致部分工作岗位数目的改变，因此所有员工都要不断接受训练及再培训。一切训练都应包括统计技巧的运用，并且教育员工学会自我提高。

（14）采取积极的行动推动组织的变革——创造一个能推动以上13项的管理结构。

四、能力训练

【训练项目】某电气公司开发了一款新型一体式星三角启动器，该产品主要用于鼠笼型电动机的降压启动。在开发初期，虽然召集相关工程技术人员对设计方案进行了严格的设计评审，但在样机验证过程中发现，大多数技术性能指标都符合设计要求，将绕组连接成星形时，触点无法可靠接通，该指标未达到设计要求。

【训练内容】请从解决该问题的进程来说明质量改进工具的应用。

【训练实施】要很好地认识现状，必须对现有产品的相关数据进行测试、记录，用数据说话。现从20台样品中选择了5台样本，检测数据见表8-1。

表8-1　星三角启动器检查表

产品型号	TELQ-85	控制电压	AC 220 V	记录人	段兆南
产品编号	1#	2#	3#	4#	5#
星形触点超程					
A 相	0.18 mm	0.15 mm	0.20 mm	0.10 mm	信号灯不亮
B 相	0.10 mm	0.10 mm	信号灯不亮	0.20 mm	0.15 mm
C 相	信号灯不亮	信号灯不亮	0.16 mm	0.15 mm	0.20 mm
三角形触点超程					
其他指标	合格	合格	合格	合格	合格

（1）从检查表的数据，可以看出产品的质量问题是什么？分析并形成结果。

（2）分析产品的失效模式，产生的机理，最终找到解决这个问题的办法。

（3）系统分析各种方案的成本、难易程度等利弊，结合产品的特点，制定最终解决方案。

五、应知应会

（一）单选题

（1）质量改进是通过（　　）来实现的。
  A．质量控制 B．改进过程 C．纠正措施 D．预防措施

（2）质量改进是质量管理的重要部分，致力于（　　）的能力。
  A．满足质量要求   B．持续改进
  C．增强满足质量要求 D．提高质量要求

（3）质量控制是质量管理的一部分，致力于（　　）。
  A．满足质量要求   B．持续改进
  C．增强满足质量要求 D．提高质量要求

（4）质量控制是消除偶发性问题，使产品质量（　　）在规定水平。
  A．满足 B．改进 C．纠正 D．保持

（5）质量改进是通过不断采取（　　）来增强企业的质量管理水平，使产品的质量不断提高。
  A．持续改进   B．质量控制
  C．纠正和预防措施 D．目标管理

（6）质量改进是消除（　　）问题，是对现有质量水平在原有基础上加以提高，使质量达到一个新水平、新高度。
  A．偶发性 B．系统性 C．偶然性 D．随机性

（7）PDCA循环是由著名质量管理专家（　　）提出的。
  A．戴明 B．朱兰 C．石川馨 D．巴雷特

（8）PDCA循环中的P是指（　　）。
  A．计划 B．对策 C．策划 D．制定方案

（二）拓展训练

案例：Dell电脑的硬盘质量改进

虽然Dell个人电脑的质量已达到行业领先水平，但是首席执行官Michael Dell仍然为故障率问题而苦恼。他认为最关键的一点是降低硬盘——个人电脑的最敏感部分——组装时的触摸次数。改进生产线后，"触摸"的次数由30多次减少至不到15次。不久之后，硬盘的不合格率降低了40%，公司个人电脑的总故障率下降了20%。

讨论问题： 请运用你所学的质量管理知识，谈谈你对这个案例的认识。

六、项目评价

学习与工作任务过程评价自评见表8-2。

表8-2 学习与工作任务过程评价自评

班级		姓名		学号		日期	年	月	日
评价指标	评价要素				权重	等级评定			
						A	B	C	D
信息检索	能有效利用网络资源、工作手册查找有效信息				5%				
	能用自己的语言有条理地解释、表述所学知识				5%				
	能将查找到的信息有效转换到工作中				5%				
感知工作	熟悉你的工作岗位,认同工作价值				5%				
	在工作中,获得满足感				5%				
参与状态	与教师、同学之间相互尊重、理解、平等				5%				
	与教师、同学之间能够保持多向、丰富、适宜的信息交流				5%				
	探究学习、自主学习不流于形式,处理好合作学习和独立思考的关系,做到有效学习				5%				
	能提出有意义的问题或能发表个人见解;能按要求正确操作;能够倾听、协作分享				5%				
	积极参与,在学习与工作过程中不断学习,综合运用信息技术的能力提高很大				5%				
学习方法	工作计划、操作技能符合规范要求				5%				
	获得了进一步发展的能力				5%				
工作过程	遵守管理规程,操作过程符合现场管理要求				5%				
	平时上课的出勤情况和每天完成工作任务情况				5%				
	善于多角度思考问题,能主动发现、提出有价值的问题				5%				
思维状态	能发现问题、提出问题、分析问题、解决问题、创新问题				5%				
自评反馈	按时按质完成工作任务				5%				
	较好地掌握了专业知识点				5%				
	具有较强的信息分析能力和理解能力				5%				
	具有较为全面严谨的思维能力并能条理明晰表述成文				5%				
自评等级									
有益的经验和做法									
总结反思建议									
等级评定	A:很满意;B:比较满意;C:一般;D:有待提高								

项目八

学习与工作任务过程评价互评见表 8-3。

表 8-3　学习与工作任务过程评价互评

班级		姓名		学号		日期	年　月　日		
评价指标	评价要素				权重	等级评定			
						A	B	C	D
信息检索	能有效利用网络资源、工作手册查找有效信息				5%				
	能用自己的语言有条理地解释、表述所学知识				5%				
	能将查找到的信息有效转换到工作中				5%				
感知工作	熟悉自己的工作岗位,认同工作价值				5%				
	在工作中,获得满足感				5%				
参与状态	与教师、同学之间相互尊重、理解、平等				5%				
	与教师、同学之间能够保持多向、丰富、适宜的信息交流				5%				
	能处理好合作学习和独立思考的关系,做到有效学习				5%				
	能提出有意义的问题或能发表个人见解;能按要求正确操作;能够倾听、协作分享				10%				
	积极参与,在学习工作过程中不断学习,综合运用信息技术的能力提高很大				10%				
学习方法	工作计划、操作技能符合规范要求				5%				
	获得了进一步发展的能力				5%				
工作过程	遵守管理规程,操作过程符合现场管理要求				5%				
	平时上课的出勤情况和每天完成工作任务情况				5%				
	善于多角度思考问题,能主动发现、提出有价值的问题				5%				
思维状态	能发现问题、提出问题、分析问题、解决问题、创新问题				5%				
自评反馈	能严肃认真地对待自评,并能独立完成自测试题				10%				
互评等级									
简要评述									
等级评定	A:很满意;B:比较满意;C:一般;D:有待提高								

110

附 录

附录一 质量专业技术人员职业资格考试暂行规定

第一条 根据国务院《质量振兴纲要》和《国务院关于进一步加强产品质量工作若干问题的决定》精神及关于职业资格证书制度的有关规定，制定本规定。

第二条 本规定适用于企业、事业单位和社会团体中从事质量专业工作及相关工作的人员，在质量技术监督检验机构从事专职检验工作的人员除外。

第三条 国家对质量专业技术人员实行职业资格制度，纳入全国专业技术人员职业资格制度的统一规划。

第四条 质量专业技术人员职业资格（以下简称"质量专业资格"）实行全国统一考试制度，由国家统一组织、统一时间、统一大纲、统一试题、统一标准、统一证书。

质量专业实行职业资格考试制度后，不再进行工程系列相应专业技术职务任职资格的评审工作。

第五条 质量专业资格实行一考多用的原则。通过质量专业资格考试并获得该专业相应级别职业资格证书的工程技术人员，表明其已具备质量专业相应岗位职业资格和担任相应级别工程技术职务的水平和能力。用人单位可根据工作需要，从获得质量专业资格证书的人员中择优聘任。

第六条 质量专业资格分为：初级资格、中级资格和高级资格。

（一）取得初级资格，作为质量专业岗位职业资格的上岗证，可根据《工程技术人员职务试行条例》有关规定聘任工程技术人员或助理质量工程师职务。

（二）取得中级资格，作为某些重要产品生产企业关键质量岗位职业资格的必备条件，可根据《工程技术人员职务试行条例》有关规定聘任质量工程师职务。

（三）高级资格实行考试与评审相结合的评价制度，具体办法另行规定。

第七条 参加质量专业资格考试的人员，必须遵守中华人民共和国宪法和各项法律，认真贯彻执行国家质量工作的方针、政策，遵守有关质量工作法律法规，热爱质量专业工作，恪守职业道德。

第八条 参加质量专业初级资格考试的人员，除具备本规定第七条所列基本条件外，还必须具备中专以上学历。

第九条 参加质量专业中级资格考试的人员，除具备本规定第七条所列的基本条件外，还必须具备下列条件之一：

（一）取得大学专科学历，从事质量专业工作满 5 年。

（二）取得大学本科学历，从事质量专业工作满 4 年。

（三）取得双学士学位或研究生班毕业，从事质量专业工作满 2 年。

（四）取得硕士学位，从事质量专业工作满 1 年。

（五）取得博士学位。

（六）本规定发布前，按国家统一规定已受聘担任助理工程师职务，从事质量专业工作满 5 年。

第十条 质量专业资格考试工作，由人事部、国家质量技术监督局共同负责。

国家质量技术监督局负责拟定考试大纲、考试科目、考试命题、编写考试用书、研究建立考试题库，组织或授权组织考前培训等有关工作。

人事部负责审定考试大纲、考试科目和试题，会同国家质量技术监督局对考试进行指导、监督、检查和确定合格标准。

第十一条 质量专业资格考试合格，由各省、自治区、直辖市人事（职改）部门颁发人事部统一印制，人事部、国家质量技术监督局用印的质量专业技术人员职业资格证书。该证书全国范围有效。

第十二条 质量专业资格证书实行定期登记制度。资格证书每 3 年登记 1 次。持证者应按规定到国家质量技术监督局指定的机构办理登记手续。

第十三条 对有伪造学历或资历证明、违反考试纪律行为的质量专业技术人员，一经发现，将取消其资格，收回其证书，2 年内不得再参加质量专业资格考试。

第十四条 本规定报名条件中所规定的从事质量专业工作年限，其截止日期为考试报名年度当年年底。

第十五条 经国务院有关部门同意，获准在中华人民共和国境内就业的外籍人员，也可按本规定要求，报名参加考试。

第十六条 某些重要产品生产企业关键质量岗位由国家质量技术监督局另行规定。

第十七条 本规定由人事部、国家质量技术监督局按职责分工负责解释。

第十八条 本规定自 2001 年 1 月 1 日起施行。

附录二 质量专业技术人员职业资格考试实施办法

根据《质量专业技术人员职业资格考试暂行规定》（以下简称《暂行规定》），制定本实施办法。

第一条 质量专业技术人员职业资格（以下简称"质量专业资格"）考试在人事部、国家质量技术监督局的统一领导下进行。两部门成立"质量专业资格考试专家委员会"和"质量专业资格考试办公室"，办公室设在国家质量技术监督局质量司，负责考试的日常管理工作。具体考务工作委托人事部人事考试中心组织实施。

各地考试工作由当地质量技术监督部门和人事（职改）部门共同负责。具体职责分工，由各地协商确定。

第二条 质量专业资格考试，原则上每年举行1次，考试日期定于每年6月。首次考试拟定于2001年9月进行。

第三条 质量专业初级资格考试设：质量专业相关知识、质量专业基础理论与实务两个科目。

质量专业中级资格考试设：质量专业综合知识、质量专业理论与实务两个科目。

各级别考试均分两个半天进行，每个科目的考试时间为3个小时。

第四条 参加考试的人员必须符合《暂行规定》中与报名资格有关的各项条件。

对在《暂行规定》发布前，按国家统一规定已受聘担任工程系列助理工程师、工程师职务的质量专业人员，只参加"质量专业基础理论与实务"或"质量专业理论与实务"一个科目的考试，考试合格者即可取得质量专业相应级别的资格证书。

第五条 凡符合报名条件并申请参加质量专业资格考试的人员，由本人提出申请，单位审核同意，按规定携带有关证件到当地考试管理机构报名。报名时，各地质量技术监督部门负责审核从事质量专业工作经历。经考试管理机构核准后，向应考人员核发准考证，应考人员凭准考证在指定的时间、地点参加考试。

中央和国务院各部门直属单位的人员参加考试，实行属地化管理原则。

第六条 考场原则上设在省辖市以上中心城市的大、中专院校或高考定点学校。

第七条 国家质量技术监督局负责组织或授权组织编写培训教材和有关参考资料。严禁任何单位和个人盗用国家质量技术监督局名义，编写、发行考试用书和举办各种与质量专业资格有关的考前培训，使考生利益受到损害。

第八条 为保证培训工作健康有序进行，国家质量技术监督局负责组织质量专业资格考试的师资培训。

各地要认真做好培训工作，组织培训要有计划地进行。培训单位必须具备场地、师

附 录

资、教材等条件，由当地质量技术监督部门会同人事（职改）部门审核推荐，报国家质量技术监督局批准。

第九条 培训必须坚持与考试分开的原则，参与培训工作的人员，不得参加考试命题及考试组织管理工作。应考人员参加培训坚持自愿原则。

第十条 质量专业资格考试和培训等项目的收费标准，须经当地价格主管部门核准。

第十一条 考试考务管理工作要严格执行有关规章和纪律，切实做好试卷的命制、印刷、发送和保管过程中的保密工作。严格遵守保密制度，严防泄密。

考试工作人员要认真执行考试回避制度，严肃考场纪律。对违反考试纪律和有关规定者，要严肃处理，并追究领导责任。

参 考 文 献

［1］崔玉. 建筑工程管理的质量控制要素分析［J］. 中国新技术新产品，2017（03）.

［2］钱莹. 航空发动机维修质量的管理研究［J］］. 科技创新导报，2018（11）.

［3］于晓霖，陈仁华. 质量管理［M］. 上海交通大学出版社，2010.

［4］张风荣. 质量管理与控制［M］. 机械工业出版社，2011.

［5］于向东. 浅析送变电设备安装工程的施工技术与质量管理［J］. 智能城市. 2019（04）.

［6］程智萍. 监理巡视工作是工程质量控制的关键］. 《建设监理》，2014（11）.

［7］邱明伟. 分析输变电线路施工中的工程质量控制关键点. 《建材发展导向》，2015（11）.

［8］张德平. GB/T19001－2008 质量管理体系理解实施与审核指南［M］. 中国标准出版社，2010.

［9］付浩. 市政路桥工程质量控制与安全管理分析］. 《城市建设理论研究（电子版）》，2015（19）］.

［10］［美］埃文斯等. 质量管理与质量控制［M］. 中国人民大学出版社，2010.

［11］黄小凡. 统计技术在质量管理体系中的应用分析［J］. 科技风，2017（03）.